长江经济带交通运输用地优化配置研究

王　柯　张建军　王　力　著

地质出版社

·北　京·

图书在版编目（CIP）数据

长江经济带交通运输用地优化配置研究 / 王柯，张建军，王力著. —北京：地质出版社，2024.8
ISBN 978-7-116-14073-8

Ⅰ. ①长… Ⅱ. ①王… ②张… ③王… Ⅲ. ①长江经济带－交通运输业－基础设施建设－公用地－优化配置－研究－中国 Ⅳ. ①F299.243

中国国家版本馆 CIP 数据核字 (2024) 第 047480 号

CHANG JIANG JINGJIDAI JIAOTONG YUNSHU YONGDI YOUHUA PEIZHI YANJIU

责任编辑： 贺秋梅　龚法忠
责任校对： 王　瑛
出版发行： 地质出版社
社址邮编： 北京市海淀区学院路 31 号，100083
电　　话：（010）66554528（发行部）；（010）66554611（编辑室）
网　　址： https://www.gph.clmpg.com
传　　真：（010）66554686
印　　刷： 北京地大彩印有限公司
开　　本： 710mm×1000mm　1/16
印　　张： 10
字　　数： 190千字
版　　次： 2024 年 8 月北京第 1 版
印　　次： 2024 年 8 月北京第 1 次印刷
定　　价： 158.00 元
书　　号： ISBN 978-7-116-14073-8

序　言

目前，我国基础设施存量仍低于发达国家水平。随着城镇化进程的加快，以及城镇化理念的提升，为适应我国经济由高速增长阶段向高质量发展阶段转变，基础设施建设将不断增强。“十二五”以来，基础设施用地供应迅猛增长，充分保障了基础设施建设。但2011年以来，基础设施投资放缓，投资增长慢于供地增长，单位面积固定资产投资显著下降。为此，需要进一步摸清基础设施建设对用地的需求，促进基础设施用地供给的针对性和有效性，减少土地资源的无效和低端供给，扩大有效和中高端供给，增强供给结构对需求变化的适应性和灵活性，促进土地利用方式转变。

作为国家经济发展的重要支持，交通运输部门成为国民经济中基础性、先导性、战略性产业，也是重要的服务性行业。为进一步深入贯彻落实党中央、国务院关于保持经济中高速增长、推动产业迈向中高端水平的决策部署，《国土资源“十三五”规划纲要》提出：“加强产业与用地空间协同，进一步调整产业用地结构，优先供应战略性新兴产业及现代服务业等发展用地。”《中华人民共和国国民经济和社会发展第十四个五年规划和2035年远景目标纲要》也明确指出：“顺应空间结构变化趋势，优化重大基础设施、重大生产力和公共资源布局，分类提高城市化地区发展水平。”交通运输用地，作为以土地利用方式转变促进经济发展方式转变和结构优化的基础性承载平台，其供给与利用水平、方式、规模、效率直接决定了各类产业的落地和发展，成为国家稳增长、促改革、调结构、扩就业的关键性影响因素。

在国务院发布的《国家综合立体交通网规划纲要（2021—2035年）》战略发展思想指引下，《长江经济带交通运输用地优化配置研究》一书旨在通过交通运输用地的优化配置，来支撑构建现代化高质量国家综合立体交通网；从土地科学视角，为推动我国建设成为交通强国提供理论基础和指导意见。此外，在我国深入实施区域协调发展战略的背景下，摸清区域交通运输用地供需现状，探讨影响交通运输用地配置决策的关键因素，分析区域交通基础设施建设对用地的潜在需求，是提升区域交通运输用地配置针对性、有效性和可持续性的关键，对指导实现区域交通运输协调一体化发展具有重要意义。

本书以张建军教授指导的博士研究生王柯的博士毕业论文《多元目标导向下的交通运输用地供应研究——以长江经济带127个地级行政单位为例》为基础，经过作者大量的数据收集、模型构建、成果分析、论证评价以及讨论研究凝练而成。全书由9章构成，第1章是绪论部分，主要是对研究背景、目的、意义以及国内相关研究进展等内容的阐述；第2章是资料来源与相关理论，主要是对研究区基本情况、数据信息以及相关基础理论进行简单介绍；第3章是理论框架体系研究部分，从历史背景、目标组成、理论内涵和形成基础等方面，系统构建了多元目标导向下区域交通运输用地配置的理论框架体系；第4章至第7章是实证分析部分，从用地时空演变、内部性因素（主导交通方式和交通依赖性）、外部性因素（交通通达性和交通协调性）、需求预测4个方面，对长江经济带交通运输用地开展系统研究；第8章是政策指导部分，以政策手段促进土地高效利用为出发点，以第4章到第7章的实证分析为基础依据，对区域尺度交通运输用地优化配置框架进行说明，提出长江经济带交通运输用地配置策略；第9章为结论与展望部分，总结本书的主要结论和特色创新点，并针对本书研究的不足，提出未来展望。

感谢自然资源部信息中心对本书提供的数据支持！本书的出版得到中国科学院特别研究助理资助项目的资助，在此表示衷心感谢！此外，本书中所引用文献作者及网络文献匿名作者的智慧贡献，为本书的撰写提供了宝贵的思路和理论借鉴，在此一并感谢！

由于国内外针对区域尺度交通运输用地优化配置的理论和实证研究并不多，可借鉴的经验不足，加上作者水平有限，本书存在诸多不足和可商榷之处，希望得到广大专家、学者的评议和指正。

作　者

2023年9月于北京

目　录

1 绪 论

1.1 研究背景

1.1.1 土地稀缺性对交通运输用地配置的限制

土地是珍贵的自然资源和人类的生产资料，它既是维系陆地生态系统正常运转的基础平台，也是人类进行各项生产活动的重大生产要素[1]。古往今来，土地资源一直备受人们重视，是人类所创造一切财富的基础支撑[2]。我国虽国土面积辽阔，但庞大的人口基数致使我国的人均土地占有面积远小于世界平均水平。此外，土地的稀缺性导致我国面临粮食安全问题[3]。据世界银行数据库统计，我国 2018 年的人均耕地面积约为 0.085 公顷，不足世界平均水平（0.184 公顷）的 1/2，且中低产耕地较多、后备耕地资源较少，人均耕地面积呈逐年递减的趋势。为了应对当前土地资源紧缺带来的生存和发展挑战，我国从制度层面对土地执行最严格的管理，并提出了“十分珍惜、合理利用每寸土地和切实保护耕地”的基本国策。在这种土地资源稀缺的背景下，交通运输用地的配置更需谨慎，高效的、集约的土地资源配置策略会极大缓解我国的用地压力。当前，土地资源的稀缺性和交通建设的紧迫性形成了鲜明的反差。国家在大力开展交通建设的同时，还要保住耕地红线、生态红线，这更加考验我国在交通运输快速发展阶段中对土地资源的配置能力。

交通运输用地的稀缺性，主要从总量和成本两个方面得到体现。就总量而言，由于人类各项活动对土地的刚性需求，导致较少的后备土地资源可供交通运输开发利用；就成本而言，由于低成本可开发土地的逐渐减少，高成本的土地将极大制约交通运输建设[4]。就我国目前的交通基础设施现状而言，交通运输的发展整体上正处于运输化的中级阶段[5]，部分直辖市和省会城市正在向完善运输化阶段过渡，此阶段我国面临着交通运输用地供需矛盾加剧的重大挑战[6]。从近年来交通基础设施的建设状况来看，我国交通运输发展存在明显的空间不平衡，且“十三五”时期我国不少省市已经面临着交通运输用地供应指标不足带来的发展挑战。我国东部沿海地区（上海市、山东省、江苏省、浙江省、广东省等）交通基础设施相对完备，但存在明显的交通运输用地指标短缺的问题。由于东部地区经济发展起步较早，人口聚集度高，且拥有天然的地理区位优势。自新中国成立以来，我国将交通运输建设的重心放在该地区，多数重点城市已经初步形成综合立体交通网络。快速的经济建设和城市化进程也导致东部地区的交通基础设施建设受到后备土地资源的制约，许多东部城市都存在因用地矛盾突出、征地难、无地可用而无法按期完成交通建设规划的问题[7]。交通运输用地供应不足，导致城市内部存在多条“断头路”，影响到城市内部的交通畅通。各省市在编制“十三五”交通运输发展规划时，都深刻意识到交通运输用地供应指标的不足是限制未来交通发展规划执行的重要因素。相反的，西部地区交通基础设施建设起步较晚，虽拥有大量的后备土地资源，但由于自身地理区位的限制，导致交通建设难度较大，需要投入的人力物力较多，因而交通发展较为缓慢。

交通基础设施在众多基础设施中拥有很高的地位，它与人类的生产生活密切联系，同时它也是国家实施宏观调控、精准施策的重要抓手[8]。随着我国经济呈加速发展之势，国家已经开始有意识地侧重于交通运输用地的供应。据国土部门的调查数据，到 2005 年年底，我国的交通运输用地面积为 230.85 万公顷，占全国建设用地总面积的 7.23%。2006—2020 年，我国新增基础设施用地 274 万公顷。其中，新增交通运输用地 179 万公顷，占新增基础设施用地面积的 65.3%。此外，公路和铁路的建设在所有交通基础设施中占绝对主导的份额。第二次全国土地调查数据成果显示，我国公路用地和铁路用地占交通运输用地总面积的比例约 99%。虽然我国近年对交通运输建设的关注度不断提升，但与经济社会发展需求相比，交通基础设施在覆盖范围、运输能力、网络效率、质量水平等方面还存在较大差异[9]。对标交通网络完善的发达国家，我国交通基础设施的建设仍有很大差距。据欧盟统计局和中国自然资源部统计，欧盟道路用地占欧盟全部土地的 1.3%，我国交通运输用地面积占国土面积的比例不足 1%（截至 2016 年年底），且中国的人口数量是欧盟人口数量的近 3 倍。可见，我国交通基础设施有待进一步完善，交通运输用地需求量依然巨大。

我国现在交通运输建设面临的重要挑战，是如何解决交通基础设施的迫切需求与土地资源的稀缺性之间的矛盾，以及如何缓解交通运输建设的空间不平衡现象。如何协调交通基础设施建设与土地资源配置之间的关系，将直接影响到我国未来交通建设的可持续性。国家交通建设目标的战略着眼点应该放在如何以最小的资源消耗换取最大的交通运输价值，以有限的土地资源实现国家的均衡发展，从而满足当今和未来社会经济发展对交通运输的多元化需求[10]。在这种交通运输刚需和资源限制的双重作用下，土地公有制下的中国如何制定最优的交通运输用地配置方案显得尤为重要。

1.1.2 新常态下交通运输用地的优化配置

随着我国经济发展进入新常态，新型工业化、城镇化建设正不断深入推进，“四新”经济蓬勃发展。我国通过大面积的土地资源开发利用来带动经济快速发展的阶段已成为过去式，土地资源的配置进入了结构优化、存量挖潜、提质增效的新时期[11]。为了应对经济发展阶段由高速增长向高质量发展转变，我国更加重视城市基础设施的建设，为城市稳定持续发展提供基础保障。在未来的一段时期内，我国将保持经济的中高速发展，这对我国产业发展提出更高要求。为了应对我国产业创新发展以及冲击中高端技术领域的战略部署，《国土资源“十三五”规划纲要》提出：“加强产业与用地空间协同，进一步调整产业用地结构，优先供应战略性新兴产业及现代服务业等发展用地。”《国土资源“十三五”科技创新发展规划》也明确指出：“需要深化对新型城镇化与产业健康发展的土地利用规律的认识。”随着对产业用地优化配置意识的提高，中共中央、国务院于2020年3月发布的《关于构建更加完善的要素市场化配置体制机制的意见》明确指出，要从“建立健全城乡统一的建设用地市场”“深化产业用地市场化配置改革”“鼓励盘活存量建设用地”和“完善土地管理体制”四个方面，推进我国土地要素市场化配置。此外，随着近年来我国大力推进国土空间规划体系的建设，“多规合一”是大势所趋，这也对我国土地的开发利用提出了新要求、新挑战。交通运输部门作为国民经济和社会发展的重要支撑，是国家持续稳定发展所必需的基础性、先导性、服务性、战略性产业。因此，交通运输用地作为以土地利用方式转变促进经济发展方式转变和结构优化的基础性承载平台，其供给与利用水平、方式、规模、效率直接决定了各类产业的落地和发展，成为国家稳增长、促改革、调结构、扩就业的关键性影响因素。

“十二五”以来，我国基础设施用地供应迅猛增长，充分保障了基础设施建设。但2011年以来，基础设施投资放缓，投资增长慢于供地增长，单位面积固定资产投资显著下降。为此，需要进一步摸清基础设施建设对用地的需求，促进基础设施用地配置的针对性和有效性，增强基础设施用地供给结构对需求变化的适应性和灵活性，实现有限土地资源的合理配置。此外，新常态下区域协调发展战略的不断推进要求基础设施用地的配置要坚持一体化规划，“从全局谋划一域、以一域服务全局”思想应贯彻到新时代的区域土地配置决策中。综合而言，新常态下，我国交通基础设施的建设和发展，既存在机遇，也存在着挑战。合理地配置交通运输用地是应对挑战、抓住机遇的最可靠手段。

1.1.3 以长江经济带为研究区的政策背景

长江早在1985年就被定位为我国国家经济发展的重要轴线。国家从宏观层面提出“一线一轴”的战略发展构想，其中“一轴”即长江[12]。2005年，长江沿线的7省2市（上海市、重庆市、江苏省、安徽省、江西省、湖北省、湖南省、四川省和云南省）在京签订了《长江经济带合作协议》。但由于各省市协同发展的行政壁垒难以打破，导致该协议没有取得显著成效。2006年4月，国务院发布了《关于促进中部地区崛起的若干意见》，明确指出要“加快发展沿干线铁路经济带和沿长江经济带”。2010年8月，湖北省人民政府印发了《湖北长江经济带开放开发总体规划（2009—2020年）》，积极响应了中央对中部地区崛起的期望，提出要立足于长江港口，依托长江“黄金水道”、高速公路、铁路、航空等交通干线，努力构建资源节约型、环境友好型的一体化综合交通体系。2010年12月，国务院印发的《全国主体功能区规划》再次明确了长江通道为我国城市化战略格局中的重要横轴。

长江经济带的建设在2013年迎来了重要里程碑。自2013年以来，长江经济带发展得到更加广泛的重视。2013年7月，习近平总书记在武汉考察时指出，要发挥长江的内河航运作用，把“长江全流域打造成黄金水道”。2014年3月，李克强总理在《政府工作报告》中明确提出，“依托黄金水道，建设长江经济带”。2014年9月，国务院正式印发《关于依托黄金水道推动长江经济带发展的指导意见》及《长江经济带综合立体交通走廊规划（2014—2020年）》，提出：“到2020年，建成横贯东西、沟通南北、通江达海、便捷高效的长江经济带综合立体交通走廊。”2014年11月，中央经济工作会议把长江经济带建设与“一带一路”建设、京津冀协同发展并列为当前重点推进的三大战略。2016年1月，习近平总书记在重庆召开了推动长江经济带发展座谈会，提出“把长江经济带建成生态更优美、交通更顺畅、经济更协调、市场更统一、机制更科学的黄金经济带”。2016年3月，我国正式出台《中华人民共和国国民经济和社会发展第十三个五年规划纲要》。在《纲要》第三十九章第二节中明确提出，要构建长江经济带高质量综合立体交通走廊。2016年9月，《长江经济带发展规划纲要》正式出台，该纲要提出了七大战略重点任务。其中，包括加快构建综合立体交通走廊。2017年10月，习近平总书记在党的十九大工作报告中明确指出：“以共抓大保护、不搞大开发为导向，推动长江经济发展。”2018年4月，习近平总书记在深入推动长江经济带发展座谈会上指出：“推动长江经济带发展是党中央做出的重大决策，是关系国家发展全局的重大战略。”2021年3月，我国正式出台《中华人民共和国国民经济和社会发展第十四个五年规划纲要》，在《纲要》的第三十一章第二节中明确提出：“要全面推动长江经济带发展，围绕建设长江大动脉，整体设计综合交通运输体系。”2021年12月，国务院印发《“十四五”现代综合交通运输体系发展规划》，指出：“整体设计推进长江经济带综合交通运输体系建设，补强沿江高铁和铁路货运能力，全力打通公路省际待贯通路段，提升江海联运、铁水联运发展水平。”

综合我国对长江经济带的政策脉络，可以发现我国一直将交通建设作为长江经济带发展的重要环节（图 1.1）。因此，本书以长江经济带为研究区，契合了我国的重大战略发展思想。此外，交通运输用地作为交通建设活动的基础载体，本书通过研究长江经济带交通运输用地的优化配置，可为实现区域交通协调一体化发展提供重要支撑。

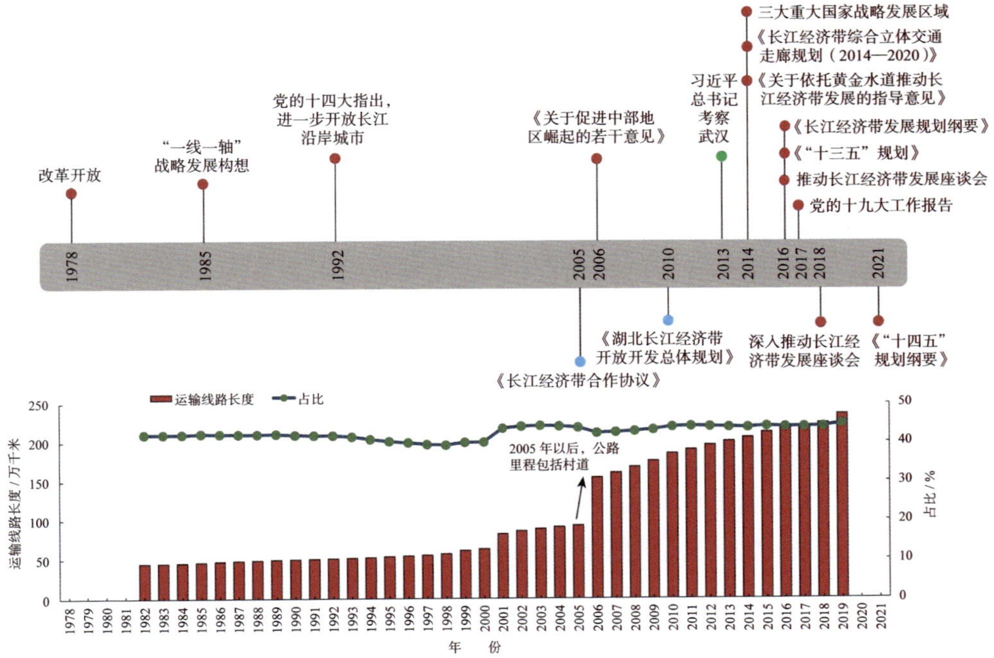

图 1.1　长江经济带关键政策时间线

基于以上研究背景和政策背景，本书以长江经济带 127 个地级行政单位为研究对象，以区域交通协调一体化发展思想为指引，聚焦于区域交通运输用地的优化配置，旨在建立多元目标导向下区域城市交通运输用地配置框架体系，为区域交通运输用地配置策略的制定，提供理论依据、方法参考和政策指导。

1.2　研究目的与研究意义

1.2.1　研究目的

交通基础设施的建设，既关系到产业经济发展，也关系到人类的生活福祉，是城市对内、对外联系的媒介。作为交通基础设施建设活动的载体，交通运输用地面积的大小，直接关系到交通基础设施的完备程度。我国正处于交通运输发展迅速的阶段，交通运输用地供需之间仍存在较大缺口，且交通基础设施建设力度存在空间不平衡现象。区域交通运输发展的失衡，导致城市交通运输用地存在供需不协调（供大于求、供不应求）、用地粗放（供而不用、用而不精）等现象。因此，开展区域交通运输用地优化配置研究，可为解决交通运输用地供需不协调，促进区域交通建设的协调一体化发展，提供基础和依据。

在我国土地资源节约集约利用战略方针的引领下，区域交通运输用地配置策略的制定应综合考虑影响用地配置的多项因素，土地利用理念应逐渐从“保量”向“提效”转变，以提高用地配置的针对性、有效性和可持续性。因此，本书旨在通过区域交通运输用地优化配置多要素的综合考虑，包括交通运输用地利用现状、交通主导性、交通依赖性、交通通达性、交通协调性、交通运输用地潜在需求面积等方面，构建区域交通运输用地配置框架体系，为决策者提供一个区域尺度交通运输配置的新思路、新视野。

1.2.2 研究意义

目前，我国交通基础设施建设相较于人口增长和经济发展而言，依然较为薄弱，交通运输事业的发展依然是我国的重点建设方向。交通运输用地是承载交通基础设施的载体，交通运输的发展自然离不开交通运输用地的配置。本书的主要研究意义是，通过区域交通运输用地配置决策框架体系的构建，从区域用地配置角度促进一体化交通运输走廊的建设。具体而言，本书的研究意义包括以下四点。

（1）提高区域土地利用效率

人类所发生的一切活动都离不开土地。这也导致如何合理高效地利用土地是人类持续关注的议题。早在商周时期，统治者就为了提高土地生产率而推行“井田制”。如今，我国土地管理法中的“十分珍惜、合理利用土地和切实保护耕地的基本国策”以及“节约集约利用土地”，都是我国关注土地利用效率提升的鲜活写照。本书构建的区域交通运输用地配置框架体系，可以聚焦于交通运输资源需求较大的城市，让迫切需要交通建设的城市优先配置到用途明确、规模合理的交通运输用地。这也是提高土地利用效率的重要举措。

（2）指导区域尺度交通运输用地配置

交通运输用地是承载人类出行和商品流通的重要地类。交通运输用地虽然不像工业用地、商业用地和住宅用地那样直接创造经济价值，但它是各类产业发展所不可或缺的用地类型。因此，交通运输用地配置的合理与否，影响到城市未来的产业发展方向和发展速度，也影响到人类的生活质量。本书提出的交通运输用地配置框架体系，综合考虑了人口、经济、生态、产业发展、网络联系、交通战略规划等多项要素，可以从国家 / 区域尺度为规划者或决策者提供用地配置建议，实现靶向性供地。

（3）促进区域可持续发展

可持续发展是当前人类各领域发展的主流方向。土地资源的利用同样要遵循可持续发展的思想，这也是近年来我国开展国土空间开发建设的核心思路。本书承续了土地可持续利用的思想，在构建用地配置框架体系时，充分考虑如何协调交通运输用地利用与经济发展、人口增长、生态建设之间的关系，探索区域尺度交通运输发展与人口增长、经济发展、生态保护“多赢”的最优解。

（4）丰富和拓展土地资源优化配置框架体系

我国是土地公有制国家，土地由国家统一管理和调控，政府部门执行的土地管理决策直接影响到我国整体的土地利用效率。完善的土地资源配置框架体系关系着国家的发展、人民的幸福。本书提出的理论方法和对策建议，是对已有交通运输用地配置决策体系的一个重要补充。此外，虽然本书的研究对象针对的是交通运输用地，但本书的用地配置思路同样可以借鉴到其他类型用地的优化配置决策上，研究者和决策者可以在本书研究思路的基础上完善和升级。

1.3 研究综述

1.3.1 交通运输用地概念认知研究

世界各国对交通运输体系的建设和发展都极为重视。交通基础设施的建设一直是国际大都市圈建设的重要环节[13]，交通运输用地作为承载交通基础设施建设的土地资源，自然得到全球的广泛关注[14, 15]。国际上主流的土地利用分类体系中都涵盖交通运输用地，并将交通运输用地划为土地利用一级类，或划为建设用地 / 人工表面下的二级分类，主要包括欧洲环境署发起的 CORINE 土地覆盖计划[16]，美国地质调查局（USGS）提出的土地覆盖分类系统[17]，美国国家土地覆被数据库（NLCD1992）采用的土地利用 / 土地覆被分类体系以及日本统计年鉴中的土地利用分类体系[18]。国际上对于交通运输用地没有一个明确的定义，也没有统一的用地分类原则[19]。通常，国际将交通运输用地的类型按照交通模式进行划分，较为公认的提法是将交通运输模式分为陆路交通运输、水路运输、航空运输和其他运输。

相比之下，国内学者对交通运输用地的概念进行了更为全面的总结。交通运输用地是我国土地利用分类体系中的重要组成部分，也是我国基础设施用地中核心的用地类型之一[20~22]。根据我国最新发布的《土地利用现状分类》（GB/T 21010—2017），交通运输用地属于土地利用分类一级类[23]，它是人类活动干预下形成的一种人工表面。顾名思义，交通运输用地是承载人类各类交通运输活动（日常通勤、外出旅游、商品物流等）的自然资源。交通运输用地的出现，打破了空间对人类长距离迁移的阻碍，象征着人们对信息沟通和物资流通的更高追求。依据空间维度的不同，交通运输用地的概念被分为了狭义的和广义的。狭义上的交通运输用地存在于二维空间内，即依托于土地、山脉、河流等地表自然要素形成交通基础设施，如公路、铁路、港口码头、机场等[24]。广义上的交通运输用地将空间扩展为三维，不仅考虑了地表之上的自然要素，同时将地上和地下空间作为交通运输的载体，如地下轨道交通、地下管道、航空航天等。在土地资源管理研究的层面上，交通运输用地的狭义概念被广泛应用。在自然资源部提出的土地利用分类含义中，交通运输用地被定义为“用于运输通行的地面路线、站场等土地，包括民用机场、汽车客货运场站、港口、码头、地面运输管道和各种道路以及轨道交通用地”。此定义是土地科学领域学者开展交通运输用地相关研究的基础。

1.3.2 交通运输建设的影响因素研究

交通基础设施作为承载人类出行和生产的关键平台，交通运输建设与其他因素间的作用关系得到国际上的重点关注[25~27]。在交通运输建设的关键影响因素研究中，交通运输与经济发展之间的作用关系一直是国际上广被热议的话题[28~30]。交通基础设施的建设和经济发展之间存在相互促进的正向关系是大多数学者已经达成的共识性结论[31~33]。良好的基础设施可以提高可利用资源的调动能力，并通过资源的调动来实现国家生产力的提高[34]。反之，经济规模的扩张会带来产业的扩张；而产业的扩张，尤其是制造业的扩张会刺激对交通基础设施的需求[35]。在多数发达国家，由于其产业结构已经较为稳定和完备，产业发展（尤其是制造业的发展）对交通基础设施的依赖程度较高[36, 37]，交通基础设施的完备程度通过影响当地产业发展进而影响到经济的发展[38, 39]。但值得注意的是，交通运输只有与其他产业投入相结合时，才能发挥交通基础设施的正向贡献作用。如果把交通和其他产业的发展割裂开，交通运输产生的边际经济效益就会大大减少[40]。也就是说，交通基础设施本身创造经济效益的能力很低，它主要通过支撑、服务其他产业的发展来刺激经济效益的正向发展。对于发展中国家和贫困国家而言，交通基础设施的建设能更好地刺激经济的发展，并且对消除贫困具有较大贡献[41]。此外，国际上除了开展了大量经济发展对交通运输需求影响的研究外，还证实了人口增长[42, 43]、收入水平[44, 45]、基础设施投资[46, 47]、产业发展[48]、就业[49]、城市化[50 ~ 52]、土地利用管理[53, 54]、汽车保有量[26]等其他要素[55]都对交通运输系统产生着重要影响。

我国有关交通运输的研究起步较晚，这与我国交通基础设施建设发展阶段有莫大关系。我国交通运输业发展的滞后，限制了交通运输领域相关研究的开展[56]。改革开放以后，我国的经济体制由计划经济转变为市场经济。我国经济得到快速发展，交通基础设施建设力度也逐步加强，交通运输建设与经济发展之间的关系开始受到关注[57, 58]。在早期的研究中，学者普遍认可交通基础设施在国民经济发展中扮演着重要角色，认为交通运输发展与经济增长呈现正向影响的关系，二者相互促进，共同发展[59 ~ 61]。随着研究的逐步深入，交通运输的发展和经济发展之间的关系产生了争议[62]。部分学者认为，交通运输的发展对经济发展作用微弱，这主要是因为我国部分地区交通基础设施的建设超过了当前经济发展的需求[63, 64]，进而降低了交通基础设施带来的经济效益。但多数学者认为，我国当前的交通基础设施建设无法满足经济发展的需求，交通运输部门的发展会带动经济的发展[65]；相反，经济的发展也会刺激交通基础设施的建设[66]。这些研究也从侧面反映了我国交通运输用地配置的不均衡。虽然大多数城市交通运输用地都是紧缺的，但也存在交通运输用地利用粗放的城市，用地效率有待提高[67]。此外，除了交通运输建设与经济发展之间关系的研究成果丰富外，交通基础设施建设与人口[68 ~ 70]、城市化[71 ~ 73]、就业[74]、收入[75]、产业发展[76, 77]等要素之间的关系，也是近年来国内学者关注的研究方向。

1.3.3 交通运输与土地利用的作用关系研究

国际上，通常将交通运输在土地利用系统中分离出来，把交通运输系统单独看成一个要素，并将研究聚焦在交通运输与土地利用之间的作用关系[78, 79]。少有国外研究将交通运输用地视为单独要素展开研究。从 20 世纪 70 年代美国交通部提出“交通发展和土地发展”的研究课题以后[80]，城市交通运输系统与土地利用系统之间相互作用关系的研究逐步成为城市发展研究的重要课题[81, 82]。交通运输系统的变化对土地利用系统有直接和间接的影响。直接影响，就是交通运输系统的建设必然会占用土地，进而从土地面积变化上直接影响土地利用[83, 84]；间接影响，主要是交通运输系统的建设会带来多个配套设施的同步建立[85]。例如，在城市建设公路的同时，还要进行人行道的建设。且交通运输系统对土地利用系统的影响，既有正面影响，又有负面影响。正面影响主要是对产业用地开发建设的正向促进作用[39]，负面影响主要是对生态用地保护的逆向抑制作用[86]。此外，部分学者认为，交通运输系统的发展导致城市的蔓延扩张和车辆需求的增加[87]，进而导致城市停车位的增加，而工程师对停车位宽松的设计标准导致了土地的低效利用，降低了城市管理效率[88]。

交通运输与土地利用之间的关系，是两个系统相互作用的动态过程，涉及两个系统之间时空维度的变化[89]。一方面，土地利用系统的变化可以改变客运和货运的需求，进而影响到交通运输系统的变化[88]；另一方面，交通运输系统的不断完善，提高了空间上的可达性水平，进而刺激了土地利用模式的变化[90]。通常而言，交通运输系统与土地利用系统之间的相互作用具有显著的时空约束[91]。例如，修建一条新的公路/铁路往往只是对公路/铁路线两侧的一定空间范围，以及汽车站/火车站周边的一定空间范围内的土地利用系统产生较大影响[92]。此外，交通运输系统的改变，对土地利用变化的影响存在时间滞后性[93]。

进入21世纪以来，我国经济发展速度达到了空前的水平。快速的经济发展要求有更多的交通基础设施作支撑，随之而来的是交通运输系统建设与土地利用系统之间的矛盾[94]。因此，近年来，国内部分城市地理学领域的学者将研究视角转向了交通运输建设与土地利用之间的关系[95 ~ 97]。20世纪90年代，我国设立“七五”国家科技攻关计划。其中，“大城市综合交通体系规划模式研究”这一专题首次系统、深入地研究了城市交通基础设施建设与土地利用之间的相互作用关系[98]。此后，交通运输系统与土地利用系统之间的相互作用关系在理论、方法和实证上得到更进一步的研究[99]。进入21世纪后，二者之间关系研究的重要性在地理学、城市规划学、社会学等领域得到了广泛的共识[100]。如今，交通发展与土地利用的相关研究主要集中在城市尺度，研究方向集中在定性和定量分析城市交通运输系统与土地利用系统之间的关系[101]，研究内容主要包括：城市土地利用变化与交通运输模式转变之间彼此影响、相互作用的互动关系[102]，城市土地开发利用强度与交通基础设施建设需求之间的协同关系[103]，从城市交通运输系统发展的角度优化城市土地开发利用模式（空间布局）[104]和城市群空间组织结构[105, 106]，从交通与土地利用之间的关系出发进行交通政策和土地利用政策分析等[107, 108]。此外，部分学者从区域或者国家的尺度，将交通运输体系建设与土地合理利用相结合，开展相关探索研究，研究方向主要集中在交通运输用地的规模分析[109]、交通运输用地效率对比研究[110,111]、交通发展过程中对其他用地的影响研究[112]。

1.3.4 交通运输用地需求预测研究

目前，国际上有关交通运输需求的预测，主要集中在交通流量或者运输量的预测上[113,114]，对交通运输用地进行预测的研究相对较少。交通运输用地需求预测的研究，主要集中在城市建设用地 / 人工表面面积的预测[115]，且相关研究起步较早，方法体系日趋成熟。由于国际上多数土地利用分类体系将交通运输用地划为城市建设用地的二级类，因此对城市建设用地预测的研究是预测交通运输用地需求的重要基础。部分学者已经对城市土地利用进行了分情景模拟研究，得到不同情景下分类别的城市用地类型的面积需求[116]。其中，部分研究就包括了对交通运输用地（港口码头用地）的需求预测[117]。交通运输需求预测方法，主要包括计量统计预测、空间计量经济模型[118 ~ 120]以及四阶段（四步骤）的运输 / 土地使用模型[121]。统计预测主要使用统计方法[122, 123]（例如，多元回归预测模型和可计算的一般均衡模型），使用现有土地利用数据来分析交通运输用地随时间的变化特征，并应用该特征来预测某些国家、省份、城市对交通运输用地的需求面积[124]。基于空间计量经济模型的交通运输需求预测，是在传统的计量统计模型中考虑空间影响，将研究对象不再视为一个孤立的个体，把相邻区域人口、经济、产业、交通等要素对研究区的空间外溢影响纳入模型构建中[125]。四阶段（或四步骤）运输 / 土地使用模型是一种经典的交通地理模型。该模型遵循一个明确的过程（行程生成、行程分布、模式拆分和交通分配）来预测交通运输需求。该模型依赖大量数据，包括土地利用数据，旅行发生因子，距离摩擦因子，校准因子和运输网络。这些数据可以通过普查信息、调查和估算获得[126]。

相较于国外研究而言，国内无论是关于城乡建设用地需求量的预测研究，还是关于交通运输用地需求量的预测研究，都更为丰富。这主要是因为我国是土地公有制国家，政府主导土地资源的配置，我国往往将土地作为一个要素开展各项研究。因此，国内学者对用地配置和需求预测研究更为重视[127]。我国对用地需求预测的理论、原则和方法已经基本形成统一认知[128]。想要较为准确地预测各类土地的未来需求，就必须明晰各类土地供需的变化规律。科学准确地总结土地供需的变化规律是合理开展用地预测所必须遵循的总体原则。在实际开展用地预测时，一般考虑事物的惯性、相关性、类似性、发生概率等，并从这几方面构建数学模型[129, 130]。其中，学术界最常用的两种预测模型——回归预测和趋势外推预测，都考虑了事物的惯性，即预测对象的发展趋于平稳状态[131, 132]。就交通运输用地需求预测的具体环节而言，确定影响交通运输用地配置的因素，是预测交通运输需求量的首要环节。影响交通运输用地配置的因素是多方面的，包括经济因素、政策因素、人口因素、城市的地理区位等[133, 134]。此外，交通运输用地需求量的预测不仅有总量上的预测，还有结构上的预测。总量上的预测多以构建数学模型的方式定量预测；而结构上的预测应该充分考虑一个行政单元的发展阶段、发展方向、地理区位、交通基础设施建设现状等，通过定性和定量结合的方式进行结构预测[135, 136]。目前，我国国内关于交通运输用地需求量的预测方法主要有：线性回归法[137]，趋势外推法[138]，可计算一般均衡模型[139]，定额指标分析法[140]。随着科学技术的进一步发展，用地需求预测方法更加多样，主要是结合人工智能分析以及组合预测的方法。例如：基于四阶段法的交通需求预测组合模型[141]，双层规划方法[142]，退火算法[143]，神经网络方法[144]等。

1.3.5 交通运输用地优化配置研究

1.3.5.1 交通运输用地优化配置内涵

由于土地资源的稀缺性，如何利用有限的交通运输用地来满足由人类出行和商品流通带来的运输需求，是交通运输用地优化配置的出发点。根据土地资源配置的基本理论，交通运输用地的优化配置同样要考虑四大要素，即不同时间、不同空间、不同用途和不同规模下的交通运输用地最优分配。其目的是为了将有限的土地资源合理地分配给各个生产生活部门来实现社会经济发展的效益最大化[145]。交通运输用地的优化配置是实现时间、空间、用途和规模四大要素的最优组合，在均衡发展和效益最大化的双重目标下合理地分配交通运输用地，实现区域交通运输的公平和高效。交通运输用地的配置具备动态性特征，即用地配置过程应同时考虑当前和未来需求。在满足当前需求的前提下，要保证一定规模的后备可开发土地资源，保证交通运输建设的潜在空间。此外，交通运输用地优化配置在短期和长期两个视角下存在方向上的差异，且二者相互联系、彼此影响。在短期内，交通运输用地的优化配置关注于交通运输用地对交通基础设施的产出作用，也就是土地资源与交通基础设施投资和技术间的权衡。从长期来看，交通运输用地的优化配置，侧重于交通基础设施的存量资产与国民经济长期发展的作用关系，即通过实现交通用地的最优配置来保障国民经济长期平稳发展。

交通运输用地优化配置包括三个层面：宏观、中观和微观。交通运输用地优化配置的三个层面与长期目标和短期目标相互联系。宏观和中观层面着眼于交通运输用地优化配置的长期目标，而微观层面主要关注与交通运输用地优化配置的短期目标。宏观层面的交通运输用地优化配置是从国家制度层面开展土地资源的合理分配。由于各行业部门的发展基本都离不开土地的支撑，因此如何协调好交通运输部门所需的土地资源与其他部门所需的土地资源之间的分配关系，是宏观层面土地资源优化配置的核心问题。此层面也是将没有社会经济属性的土地资源转变为用于交通运输用途的特有土地资源的过程。此外，宏观层面的交通运输用地优化配置要综合考虑土地利用带来的社会效益、经济效益和生态效益，通过土地管理部门的规划和管控，调节各类用地的比例结构，控制用地的规模和用途，实现用地效益最大化[146]。宏观层面着眼于国民经济发展对交通运输用地的需求，如何以规模得当的交通运输用地配置带来稳定的国民经济发展，是该层面的核心任务，这也正对应着交通运输用地优化配置的长期目标。中观层面的交通运输用地优化配置涉及配置过程中需要考虑的四大要素，即时间、空间、用途和规模。由于区域发展水平存在差异，导致不同区域对交通运输用地需求程度、规模和类型都存在不同，这也正是中观层面交通运输用地优化配置的实施基础。因此，在一定的区域范围内，交通运输用地在什么时期、什么地区需要配置多少土地，以及配置何种类型的土地，是该层面的核心任务。微观层面的交通运输用地配置，是指在交通基础设施建设项目层面实现土地的节约集约利用，以尽可能少的土地资源消耗达成项目建设目标，并保障交通基础设施本身的服务能力[147]。就具体的交通基础设施项目实施过程而言，往往通过可行性研究、合理选线、优化设计、施工技术升级、工程管理等方式，来提升土地资源的节约集约利用水平[148]。

1.3.5.2 交通运输用地优化配置的理论和实证研究

在交通运输用地优化配置方面，国外城市规划领域学者开展了大量的研究和实践[79, 149]。研究视角多是针对城市交通基础设施和交通网络开展评估、规划和优化配置[150 ~ 152]。国外研究多是将交通运输系统作为要素考虑在城市规划或土地利用规划当中。具体到研究层面，部分学者专注于交通运输引导下的土地开发模式的研究和扩展，将新思想、新理念注入土地开发利用和规划之中，实现交通系统和土地利用系统的动态协调，提出了以公共交通为导向的土地开发模式[153]、传统邻里开发模式[154]和土地利用与交通一体化的概念规划[154, 155]等；另一方面，一些学者从政策执行、制度约束和规划调整等方面，寻求将土地利用系统和交通运输系统有机整合起来的有效路径，进而探寻两个系统相互间的互动反馈机制，以其中一个系统的优化提升带动另一个系统的优化提升，即实现土地资源和交通运输资源的优化配置[156]。此外，通过交通运输用地的优化配置实现城市的可持续发展是国际共同的奋斗目标[157]，也是城市规划等多个领域的研究热点[158]。

在土地稀缺性日益凸显的背景下，我国有关交通运输用地 / 资源的优化配置研究得到广泛关注[159]。随着经济发展稳中求进，城市化进程不断加快，我国目前在交通运输资源的配置上依然存在着很多的问题，包括交通运输资源配置机制的不合理、交通运输资源短缺、交通运输资源结构不合理、交通运输资源的低效、闲置和浪费等问题[160]。针对这些问题，我国学者开展了很多相关研究。交通运输资源配置研究主要集中在制度体系、理论内涵、应用实践三大块。就制度体系而言，在我国社会主义市场经济体系中，政府是交通运输资源配置的主导者和调控者；交通运输部门作为服务于市场经济的基础性行业，市场机制在交通运输资源配置中发挥的关键作用需引起重视[161]。虽然我国政府部门在交通运输用地的优化配置过程中仍扮演关键角色，但随着市场机制的不断完善，市场对交通运输资源的供需调节作用会逐渐显现[162]。就理论内涵而言，实现合理发展规模下的资源高效、协调、可持续利用，是提升交通运输资源配置效率的关键所在[145]。通过经济计量分析来量化交通运输资源的利用效率，并合理分配和利用交通运输的硬资源和软资源，最终形成交通运输资源优化配置的政策建议[163]。基于对我国交通运输资源优化配置制度体系的不断讨论，以及对理论内涵的深入认知，我国学者针对不同交通资源类型从问题识别[164]、效率评价[165]、时序配置、功能匹配[166]、空间布局[167]等方面，开展了有关交通运输资源优化配置的实证研究，提出了符合我国当前发展现状的交通运输资源优化配置建议。

1.3.6 研究评述

交通基础设施关乎人类的出行、产业的发展。交通基础设施的建设和发展推动着人类社会的进步，同时带来对土地资源的占用。随着从依靠天然区位的交通建设转变为现代化、立体化交通网络建设，交通运输用地的作用愈发凸显，人类对有关交通运输发展与土地利用相关的议题被广泛热议，且研究方向愈发多元化。结合国内外研究进展，交通运输用地的相关研究大致经历了四个阶段，包含三个层面。①概念认知阶段。此阶段为人类对交通运输用地概念的前期认知，随着土地利用 / 覆被变化的发展，交通运输区域成为土地利用现状图中的要素，交通运输用地的概念已经基本明晰，并得到全球各界普遍认同。②关系明晰阶段。此阶段，人类已经明晰交通运输用地概念，并认知到交通运输用地在人类发展中的重要地位，通过理论分析和实证研究来分析交通运输发展与各类要素（人口、经济、生态、土地利用等）间的相互影响、相互作用关系。③需求探索阶段。随着人类社会的不断发展，交通运输用地供需矛盾加剧。此阶段，人类在明确交通运输与各要素间的相互作用后，通过自身变化规律以及其他要素的影响，采用定性或定量的方法探讨交通运输用地的潜在需求，旨在为交通运输规划提供参考，缓解交通运输压力。④优化配置阶段。这是人类发展进程中交通运输用地深入研究的更高级阶段。此阶段在上述三个阶段的基础上，综合考虑多种因素，从高效、协调、可持续的角度开展交通运输用地优化配置研究。随着交通运输与土地利用相关领域的深入发展，多学科交叉研究成为必然趋势，因而关系明晰、需求探索和优化配置三阶段，既是逐级推进，又可能因其中一阶段的创新性发展而互相推动，进而推动该领域的不断创新发展。

三个方面的研究包括：①基础理论研究，基础理论研究是开展交通运输用地优化配置的基础，该部分主要涉及交通运输用地基本概念的认知，交通运输系统与其他系统间的相互影响机理研究，以及在学科交叉思想融合影响下的新概念、新理念的探索；②技术方法研究，技术方法研究是深入开展交通运输用地优化配置研究的有力工具，相关研究方法从定性分析向定量分析转变，主要涉及评估框架的提出、数理模型的构建、计算机技术的进步、“3S”技术的发展等方面，以及相关技术方法的不断升级和创新；③综合应用研究，综合应用研究建立在完善的理论和技术方法的基础之上，通过多学科交叉思想的注入，将交通运输用地优化配置研究应用到实际决策中。目前，有关交通运输的基础理论、模型方法都已经趋于成熟，而基于多学科交叉的综合应用是多数学者致力的研究方向。纵观国内外关于交通运输的研究进程，虽然有关交通的研究起点较早且研究成果丰富，但随着资源禀赋和需求之间矛盾逐渐加剧，更高效的交通运输用地的配置和利用是未来交通研究的重点方向之一。当前，交通运输用地利用和配置相关研究领域仍存在以下薄弱之处。

1）鲜有学者针对区域尺度开展交通运输用地优化配置的研究。交通运输资源的配置，虽是学界广泛关注的议题，但已有研究多以某种特定的交通运输资源为研究对象，并针对交通线路或网络开展优化配置研究，研究尺度多集中在市县层面，旨在提高城市交通可达性和交通网络连通性。少有学者从区域尺度开展交通运输用地的优化配置研究，且现有区域尺度交通运输用地的相关研究多关注于规模分析、利用效率对比以及与其他用地的作用关系探索，即鲜有研究将交通运输资源的优化配置做到从城市尺度的交通运输网络“线”的优化配置向区域尺度交通运输用地“面”的优化配置转变。

2）缺乏系统梳理影响交通运输发展的关键因素的研究。当前在研究交通与经济、人口、产业、城市化等影响因素的作用关系上，不论从理论研究还是定量模型构建，都取得了较大进展，在辅助交通运输资源的优化配置上已经表现出较好成效。但是，鲜有研究针对影响交通运输建设的指标进行系统的梳理和总结。

3）将产业发展纳入区域交通运输用地配置的研究较少。虽然现有的较多研究表明交通运输建设和产业发展之间具有很强的关联性，交通建设影响到产业的布局，产业的发展也刺激了交通建设，二者相互促进，相互影响。但少有研究将城市产业发展方向（城市主导产业和城市战略新兴产业）作为一个要素纳入区域交通运输用地配置决策中。

4）缺乏有关区域交通运输用地配置框架体系的系统研究。以往学者虽然在交通运输用地的需求预测、交通运输用地的优化配置方面都开展了不少研究，但已有研究在进行交通运输用地的优化配置时，往往考虑的要素较为片面，少有研究系统（考虑多目标、多要素）构建区域交通运输用地的优化配置方案，无法为决策者提供更为完备的决策参考。

结合当前国内外的研究现状，本书针对当前有关交通运输用地配置研究存在的薄弱点开展进一步探索。基于当前薄弱环节，本书提出科学问题，即如何在多目标指引下科学开展区域尺度交通运输用地配置？围绕科学问题，本书通过考虑影响交通运输用地供需的多重因素，旨在建立基于多元目标导向下区域城市交通运输用地配置框架体系，为区域交通运输用地配置对策的制定，提供理论依据、方法参考和政策指导。

1.4 研究目标与内容

1.4.1 研究目标

本书旨在开展长江经济带交通运输用地配置研究，为国家优化交通运输用地配置，强化用地有效供给，提高用地配置质量和效益提供有效基础支撑。本书的总体研究目标为："定位用地水平、揭示发展现状、探究用地需求、聚焦配置思路"。具体目标包括两个方面：

1）提出一套完整的研究区域交通运输用地配置思路、理论和方法，用于系统研究长江经济带交通运输用地利用水平与供需协调程度，交通运输发展现状，以及用地需求差异，为开展区域土地优化配置研究提供新思路、新视野。

2）探索构建基于多元目标导向下的交通运输用地配置框架体系，提出次序鲜明、类型明确、规模合理的区域交通运输用地配置对策，为提高长江经济带土地利用效率、实现区域交通建设一体化发展提供指引，并将决策框架的普适性政策指导意义应用到我国其他区域。

1.4.2 研究内容

经济新常态下土地资源供需矛盾仍然存在。交通运输用地是基础设施用地的重要组成，交通基础设施的建设水平直接关系到城市发展的基础。在区域协调发展战略的指引下，需要进一步摸清我国交通运输用地的供给与需求，从而充分保障基础设施建设，提高基础设施用地供给的针对性和有效性，优化区域供地布局和结构，促进区域土地资源精准、高效配置。本书的主要研究内容如下。

（1）区域交通运输用地配置理论框架构建

本书以土地资源优化配置理论、区域一体化理论和可持续发展理论为基础，从主导产业发展、区域城市网络化发展、区域人口－经济－生态协调发展等角度出发，基于区域交通运输用地供需和一体化协调，构建了多元目标导向下的区域交通运输用地配置理论框架体系。

（2）长江经济带城市交通运输用地时空演变与问题识别

本书拟收集长江经济带127个地级行政单位时间序列的交通运输用地现状数据和供地数据，采用数理统计和空间分析的方法，从时间维度和空间维度按照上、中、下游与交通运输用地类型等统计和表征城市交通运输用地现状水平，总结长江经济带城市交通运输用地的利用与供需特征。

（3）长江经济带交通运输用地配置内部性因素

本书从城市交通依赖性和主导性两个方面，分析长江经济带交通运输用地配置的内部影响因素。以主导产业发展对交通运输用地需求的内在影响机制研究为出发点，探索城市主导产业和战略新兴产业对交通运输部门的需求，基于长江经济带各市主导产业的确定，应用投入产出思想确定各市对交通的依赖性。在此基础上，结合各主导产业对交通运输方式的偏好，及国家战略交通规划和各市交通运输现状，判定不同城市的主导交通方式。

（4）长江经济带交通运输用地配置外部性因素

本书从城市交通通达性和协调性两个方面，分析长江经济带交通运输用地配置的外部影响因素。城市交通通达性考虑城市与周边城市交通网络的连通程度。城市间交通网络联系越密切，城市通达性水平越高。而实现区域经济、人口、生态和交通运输用地利用之间的协调发展，是外部影响的另一重要体现。本书通过耦合协调度模型评估长江经济带城市交通运输用地利用的协调发展状况。

（5）长江经济带城市交通运输用地面积需求预测

本书通过文献资料整理影响交通运输用地需求的相关指标，采用文献计量法、相关分析法和灰色关联法筛选出影响交通运输用地需求的关键性指标，并通过构建规划目标约束下的灰色－BP神经网络交通运输用地需求预测模型，来探讨长江经济带城市交通运输用地的潜在需求面积，从用地配置的规模角度为提出长江经济带交通运输用地配置建议与对策提供支撑。

（6）长江经济带城市交通运输用地配置决策建议

本书以打造长江经济带协调发展的一体化区域综合立体交通走廊为目标，以区域交通运输用地配置理论框架体系为指引，通过整合交通运输用地配置的内部性和外部性影响因素，以及各城市交通运输用地潜在面积需求，包含了土地资源配置理论的时间、空间、用途、规模四大要素，提出次序鲜明、类型明确、规模合理的长江经济带城市交通运输用地配置对策。

1.5 研究方法与技术路线

1.5.1 研究方法

本书采用的研究方法主要包括文献综合与逻辑推理法、数学模型法、统计分析法、空间分析法和定性与定量分析相结合的方法。

（1）文献综合与逻辑推理法

本书主要通过搜集国内外有关文献资料和数据，演绎概括国内外有关交通运输用地的研究发展历程，归纳国内外有关交通运输用地研究的基本概念、基础理论、技术方法、主要内容、应用实践，发现当前研究存在的薄弱环节。此外，本书通过文献综合和逻辑推理，泛选出影响交通运输用地需求的因素。

（2）数学模型法

数学模型法是将既定的事物抽象成数学模型的形态，通过数学形态来表征事物的状态、联系、发展趋势等。本书采用的数学模型，包括投入产出模型、耦合协调度模型、灰色预测模型和 BP 神经网络预测模型。其中，投入产出模型用于分析不同城市对交通运输部门的依赖程度，耦合协调度模型用于分析交通运输用地利用与生态、经济和人口之间的协调程度，灰色预测模型和 BP 神经网络预测模型用于预测未来城市交通运输用地需求面积。

（3）统计分析法

统计分析法是应用数学中常用的分析方法，通过对已经收集的数据进行量化分析、总结，进而对某一事物进行推断和预测。它被广泛应用于各个学科领域。本书采用的统计分析法包括频数分析、相关分析、灰色关联分析等。统计分析法在本书主要用于确定影响交通运输用地的主要指标。

（4）空间分析法

地理信息系统（GIS）优异的地图制图和空间分析能力已经广泛应用在多个学科。本书的空间分析法主要通过地理信息系统进行空间可视化的实现，具体用于描绘不同尺度城市交通运输用地的空间布局、空间变化等特征，以及利用空间句法模型评估城市交通通达性。

（5）定性与定量分析相结合的方法

本书从始至终贯穿了定性与定量分析相结合的方法。定量分析主要是将研究对象和相关影响因素进行数据上的量化，进而得到直观的量化结论；定性分析则是对研究对象进行主观经验判断，并开展描述性分析。两者的结合吸取了二者的优点，在量化结果的基础上又对结果进行定性的归纳总结，提出观点建议，因而具有较高的可靠性。在科学研究中，该方法得到广泛应用。

1.5.2 技术路线

本书基于现实背景和研究进展，提出了拟解决的科学问题，即：如何在多元目标指引下科学制定区域尺度交通运输用地配置策略？针对该科学问题，本书从六大部分展开理论框架构建、实证分析和对策制定研究。第一部分，在提出交通运输用地配置多元目标的基础上，构建区域交通运输用地配置理论框架体系，旨在提供次序鲜明、类型明确、规模合理的区域交通运输用地配置策略。第二部分，基于时间序列的交通运输用地数据，从用地和供地两个视角，公路、铁路、水运和航空四种用地类型，来分析长江经济带城市交通运输用地的时空变化规律。通过该部分的研究，可以了解长江经济带交通运输用地的利用现状，发现区域间的用地差异，为后续进一步开展交通运输用地配置研究提供基础的用地现状认知。第三部分，以主导产业对交通运输用地需求的内在联系为指引，基于长江经济带主导产业的确定，以及对我国交通战略规划和部署的理解，从交通依赖性和主导性两个内部性影响要素着手，分析长江经济带交通运输发展的内生驱动情况，为交通运输用地在时空和类型上的配置奠定基础。第四部分，以区域协调一体化发展战略思想为指引，从交通通达性和协调性两个外部性影响要素着手，分析长江经济带交通运输发展外部性关联和协同情况，为交通运输用地在区域尺度上的时空配置提供依据。第五部分，运用统计学原理和模型，开展长江经济带城市交通运输用地面积需求预测和验证研究，分析长江经济带城市交通运输用地需求差异，为区域用地配置对策的制定，提供规模上的定量化依据。第六部分，综合上述五部分内容，提出具体的长江经济带交通运输用地配置策略，探讨区域尺度交通运输用地配置规律，并为我国区域尺度交通运输用地配置提供政策指导。

本书技术路线，如图 1.2 所示。

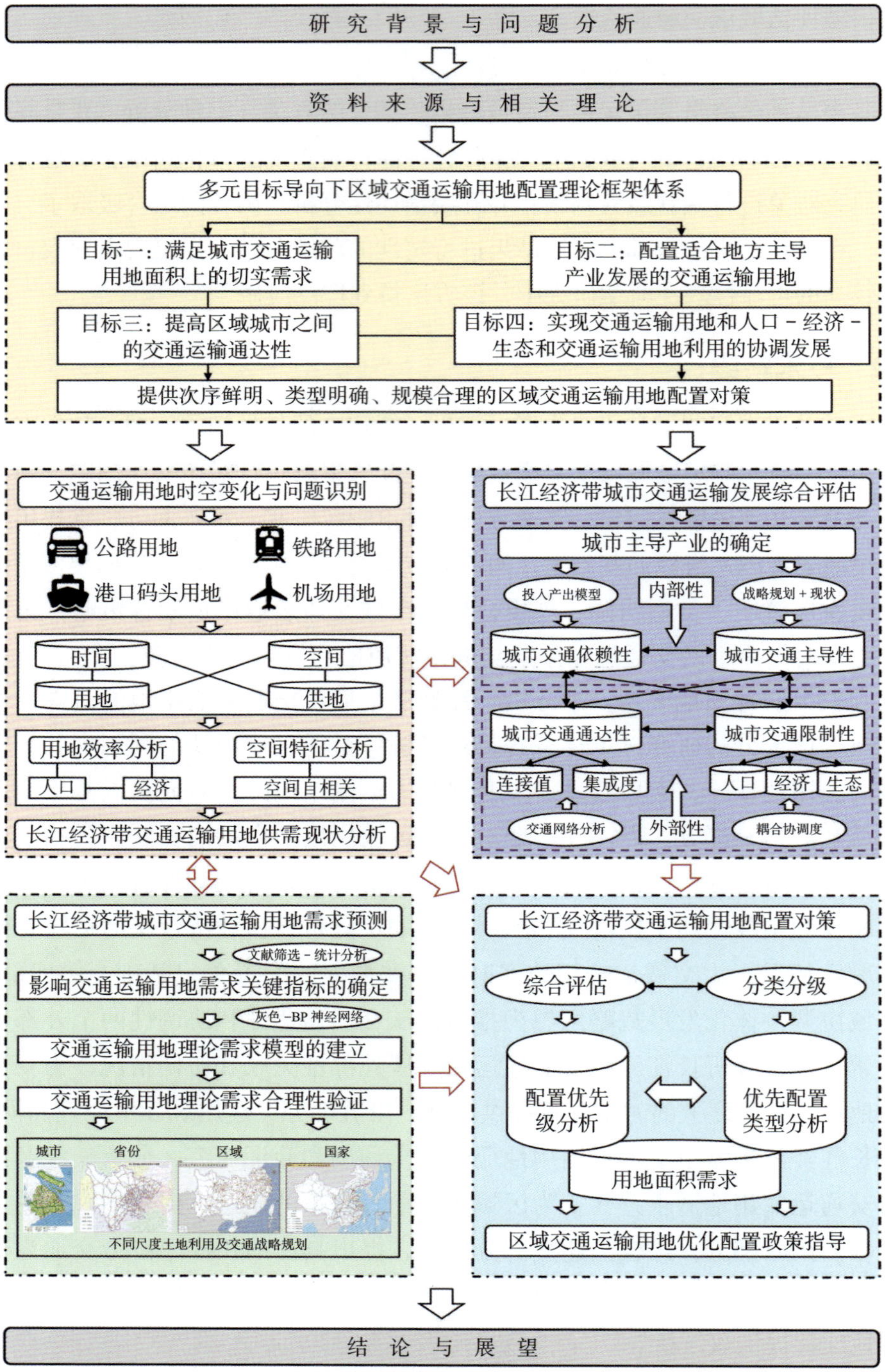

研究背景与问题分析
资料来源与相关理论
多元目标导向下区域交通运输用地配置理论框架体系
目标一：满足城市交通运输用地面积上的切实需求
目标二：配置适合地方主导产业发展的交通运输用地
目标三：提高区域城市之间的交通运输通达性
目标四：实现交通运输用地和人口－经济－生态和交通运输用地利用的协调发展
提供次序鲜明、类型明确、规模合理的区域交通运输用地配置对策
交通运输用地时空变化与问题识别
公路用地
铁路用地
港口码头用地
机场用地
时间
空间
用地
供地
用地效率分析
空间特征分析
人口
经济
空间自相关
长江经济带交通运输用地供需现状分析
长江经济带城市交通运输发展综合评估
城市主导产业的确定
投入产出模型
内部性
战略规划＋现状
城市交通依赖性
城市交通主导性
城市交通通达性
城市交通限制性
连接值
集成度
人口
经济
生态
交通网络分析
外部性
耦合协调度
长江经济带城市交通运输用地需求预测
文献筛选－统计分析
影响交通运输用地需求关键指标的确定
灰色－BP神经网络
交通运输用地理论需求模型的建立
交通运输用地理论需求合理性验证
城市
省份
区域
国家
不同尺度土地利用及交通战略规划
长江经济带交通运输用地配置对策
综合评估
分类分级
配置优先级分析
优先配置类型分析
用地面积需求
区域交通运输用地优化配置政策指导
结论与展望

图 1.2　技术路线图

2　资料来源与相关理论

2.1　研究区概况

2.1.1　地理位置

长江经济带的行政范围涉及上海、江苏、浙江、安徽、江西、湖北、湖南、重庆、四川、云南、贵州九省两直辖市，包含127个地级行政单位，面积约205万平方千米，占我国国土面积的21%，人口总量和地区生产总值均超过全国的40%，生态地位重要、综合实力较强、发展潜力巨大。长江经济带是我国纵深最长、覆盖面最广、影响最大的黄金经济带，在我国区域发展格局中具有极其重要的地位和作用。长江干流贯穿东西，是沟通我国东、中、西三大地理单元的大动脉。长江经济带涵盖长江、淮河等流域，具有得天独厚、通江达海的区位优势。沿江区域是我国产业布局重要的黄金水道，并已在上、中、下游形成多个产业聚集区。长江干流航道构成了我国由内河水运与陆路运输和航空运输织结的立体交通网，拥有建设区域综合立体交通走廊的天然优势。

2.1.2　自然条件

长江经济带属于亚热带季风气候区，气候的基本特征表现为冬寒夏热、干湿分明。区域内水文条件复杂，水系纵横交错，水网密度较高。长江流域平均年降水量1067毫米，年降水量和暴雨的时空分布很不均匀，流域内大部分地区在800 ~ 1600毫米。长江经济带拥有洞庭湖、鄱阳湖、太湖、巢湖、洪湖五大淡水湖泊，是我国最大的富水区。长江经济带范围内地貌呈多级阶梯地形，涵盖了我国地貌的多级地势，地貌类型有侵蚀山地、侵蚀高原、岩溶化山地、侵蚀的红层丘陵、岩溶化丘陵、湖积冲积平原及洪积冲积平原。长江经济带范围内土壤资源类型众多，从西向东区域性明显。长江经济带是我国乃至全球生物多样性的热点地区之一，野生动植物资源极其丰富，是我国众多珍稀濒危野生动植物的重要栖息繁衍场所。流域内动植物约有1000多种，包含鱼类400多种，是世界上七大物种资源丰富的地域之一。

2.1.3 国民经济和产业发展概况

近年来，长江经济带经济取得了突飞猛进的发展（图 2.1）。根据国家统计局统计，2020 年，长江经济带 GDP 总量达 47.16 万亿元，占全国 GDP 总量的 46.5%；GDP 增长率为 3%，较同年我国 GDP 平均增速高出 0.8%，三产结构 7.2∶38.8∶54.0。总体而言，长江经济带经济总量保持上升态势，且内部各省市间的地区经济差距在不断缩小。长江上游地区的 GDP 占比增幅显著，长江中下游地区的 GDP 占比略有下降。长江下游地区（沪苏浙皖）的 GDP 占比有所降低，从 2017 年的 52.3% 下降到 2019 年的 51.8%，下降了 0.5%；长江中游地区（赣鄂湘）的 GDP 占比同样下降了 0.5%，从 2017 年的 24.6% 下降到 2019 年的 24.1%；长江上游地区（云贵川渝）的 GDP 占比增长较为明显，从 2017 年的 23.1% 增长到 2019 年的 24.1%。

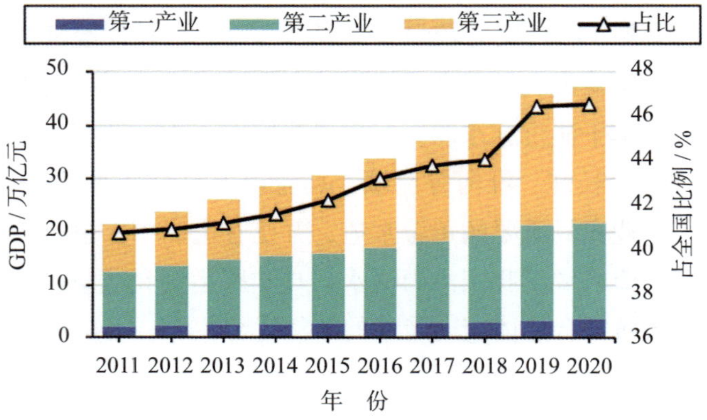

图 2.1 长江经济带经济发展状况

经历了数千年的开发建设，长江流域各个行业都展现出强大的竞争力和发展潜力，是我国经济发展格局的重要组成部分。从产业发展来看，长江经济带依靠长江这条天然黄金水道，已经形成钢铁、石油化工、汽车工业、电力工业等多条工业走廊，以及观光休闲旅游带和农业经济产业带等一系列优势产业带，上下游之间经济联系更加密切，区域产业分工合作不断加强。努力培育电子信息、高端装备制造、汽车、家电、纺织服装等世界级产业集群，成为长江经济带区域协调可持续发展的新引擎。

2.1.4 综合立体交通走廊建设概况

随着国务院正式印发《长江经济带综合立体交通走廊规划（2014—2020）》，构建安全便捷、绿色低碳的长江经济带综合立体交通走廊已成为我国的战略目标。近年来，长江经济带综合立体交通走廊建设取得重大进展，路网规模持续扩大，结构布局不断优化，技术水平显著提升，运输能力大幅增强，初步形成了以长江黄金水道为依托，水路、铁路、公路、民航、管道等多种运输方式协同发展的综合交通网络。至2019年，区域内铁路营业里程达到4.28万千米，占全国的30.6%；高速公路里程5.88万千米，占全国的39.3%；内河航道里程9.06万千米，占全国的71.2%；长江经济带客货运量几乎占据我国的半壁江山，完成货物运输量206.6亿吨，占全国的43.8%；完成客运量82.9亿人次，占全国比例47.1%。

2.2 基础数据和资料

本书在长江经济带多元目标导向下的交通运输用地配置研究中所用的基础数据主要包括以下三部分。

（1）统计数据

该部分数据主要来源于国家级统计年鉴，包括《中国统计年鉴》《中国城市统计年鉴》《中国城市建设统计年鉴》《中国交通年鉴》《中国港口年鉴》等，以及省级统计年鉴和地市级统计年鉴。土地利用现状数据（2009—2016年）来源于自然资源部搭建的土地调查成果共享应用服务平台（https://tddc.mnr.gov.cn/to_Login?loginType=2）。通过这些数据，可以实现长江经济带交通运输的现状分析，交通主导性、协调性和限制性的分析，交通运输用地需求模型的构建等。这些统计数据是本研究最为基础的资料，本书所有的核心研究内容都基于这些统计数据开展。

（2）GIS平台的矢量数据

这部分数据，主要源于自然资源部测绘部门的标准地图服务（http://bzdt.ch.mnr.gov.cn/）和有关规划部门栅格图片的矢量化数据；主要包括研究区域2016年的1∶100万全国基础地理数据库[包括行政区划国界、省界，市（州）界线图层]，以及交通路网的手动矢量化数据；主要用于研究的空间制图和空间分析，该数据应用于本书的所有核心章节。

（3）其他相关数据

这部分数据资料来源于当地其他部门的相关数据和资料，包括统计数据、国家战略发展规划、区域发展纲要、城市建设与发展规划等。这些数据经过各种技术手段运算和数学模型计算，得到一系列新生数据，均为本书的研究服务。例如，本书基于各类国家交通规划（《国家公路运输枢纽布局规划》《中长期铁路网规划》和《全国内河航道与港口布局规划》等)，确定长江经济带城市的主导交通方式，等等。这部分数据是本书研究的辅助数据，也是不可缺少的参考资料。

2.3 相关基础理论

2.3.1 资源配置理论

资源配置（Resource Allocation)，是在资源有限的情况下，针对可用资源的不同用途进行比较并合理管理和分配[168]。资源包括了自然资源和社会资源。自然资源的配置，涉及对水、土地、森林、草原、矿藏等合理的分配和利用。社会资源的配置，涉及对社会经济活动中的人力、物力和财力等基础物质条件的调配。随着人类社会经济的快速发展，人类对自然资源和社会资源的需求与日俱增，合理的资源配置影响了社会经济发展的高效性和可持续性，以及生态系统的稳定性[169]。由于资源有限性和稀缺性，资源配置因人类对资源的需求而发生，这更加要求人类以最小的资源消耗获得更高的经济、社会效益并保障生态效益[170]。此外，资源配置过程中，要优先考虑资源的适宜性和成本，确保有限的资源以最小的消耗配置到最合适的用途上。当最优资源消耗殆尽后，人们往往选择次级资源来保障发展的延续。

土地资源是自然资源的重要组成部分，也是人类生存、生产活动中必不可少的资源。因此，对土地资源的合理配置，既关乎自然界的稳定运转，又关乎人类社会的发展进步[171]。土地资源配置，是指针对人类开发建设活动中所需的并构成生产要素的、有限的、具有开发利用可选性的土地资源，在时间上、空间上、用途间的合理分配和布局[172]。因此，土地资源的配置包括四大要素：时间、空间、类型（用途）和规模（面积)。其中，土地资源的配置在时间上体现为对资源不同时序上的分配。由于土地资源具备时间价值，针对不同人类活动对土地资源需求的迫切程度及其产生的效益，有重点、有先后地对土地资源进行合理配置。土地资源配置在空间上体现为对资源不同区域的分配。由于区域发展的差异性，导致土地资源的用地需求和用途都存在空间上的差异。因此，在土地资源配置时，应考虑空间分配的合理性。土地资源在类型上的配置，体现为人类不同生存发展需求对土地资源类型需求的差异。不同土地资源类型在人类发展中扮演的角色不同，如建设用地主要承载人类的居住和生产建设活动，农用地主要为人类提供食物保障，而生态用地则为人类提供景观服务。不同类型土地资源合理配置，才能实现人类社会的稳定协调发展[173]。土地资源在规模上的配置体现为面积总量和增量的差异。由于不同地区发展水平的不同导致所需配置的土地规模存在差异，提供合理规模的土地是缓和土地供需矛盾的核心环节。

土地资源配置的合理与否，主要体现在两个相互联系的配置目标：一是针对不同用途需求展开合理规模的土地资源分配；二是提高土地资源开发利用的社会、经济和生态效益[174]。由于土地资源的有限性和稀缺性，土地资源配置的实质是部门间、用途间的合理分配，达到适应发展的土地规模。此外，土地资源的配置要正确认知已拥有土地和可开发、可利用土地的区别。在一定时间和空间内，不是所有的土地资源都适合开发建设，在适宜利用的土地上展开土地分配是土地资源配置的前提条件。因此，土地资源配置的核心任务是通过对有限的、可开发利用的土地资源合理分配到各项国民经济、社会发展和生态保护活动，以实现资源配置在社会、经济和生态收益上的最大化。

世界的经济发展历史已经证明，区域资源配置和格局决定了区域发展格局[175]。因此，区域交通运输用地的优化配置应遵循土地资源配置的一般原理，从时间、空间、类型（用途）和规模（面积）四个角度开展区域交通运输用地配置，以期通过交通运输用地的优化配置实现区域协调一体化发展。

2.3.2 区域一体化理论

“一体化（Integration）”，一般被定义为多个部分结合成的一个整体，此术语经常用于经济学和政治学的范畴中。经济学对一体化的研究，侧重于从宏观视角研究国家 / 区域间的经济贸易合作关系[176]。政治学对一体化的研究，关注在伙伴国家间的政治关系。随着近年世界政治经济格局的突变，经济全球化加快，早期政治学角度的一体化理念已经基本过时。而“区域”作为地理学的基本概念，通常被定义为地球表面某一特定的、且相邻地域存在差异的物理空间。区域一体化理论最早由荷兰经济学家 Tinbergen 提出，他指出，区域一体化是资本剩余产品寻求倾销场所的经济手段，分为“消极”和“积极”两个方面。前者是指对物理空间边界的消除；后者是通过制度约束手段来修正自由市场的错误信号，加强自由市场一体化力量的作用[177]。在此基础上，美国经济学家 Balassa 将区域一体化进一步定义为“过程”与“状态”的并存。其既是消除区域内各空间区别化对待的过程，又是各种区别化对待在区域内消失的一种状态[178]。

一般而言，构成区域一体化的基本属性包括三种：①地理空间单元；②网络联系；③共同归属感的群体。随着区域一体化对地理临近条件的扩展，多数学者提出，以区域的功能属性作为一体化的判断依据，认为区域是经济空间的重要组成。因此，区域一体化往往被视为区域经济一体化[179]。由于区域空间内各地区的区位条件、资源禀赋和发展基础存在差异，因而通过统一区域市场、统一基础设施建设来加强区域内各空间的沟通联系，实现地区间紧密的分工协作。经济不发达的地区往往通过纳入区域一体化体系而快速发展，缩小地区间的经济差距。因此，作为状态，区域一体化是经济空间内各地区间的商品和生产要素（劳动、资本、技术、信息和管理等）的互相流通。作为过程，区域一体化是为了消除经济空间内各地区间的沟通障碍，建立区域沟通网络（交通网络、信息网络），逐步加强地区间的联系[176]。

随着我国区域协调发展战略的深入推进，要求区域内各个城市间保持更为紧密的联系，以加强城市间的物质流通和协同合作，进而实现区域产业经济的一体化发展。交通网络是联系区域内各个独立空间的桥梁，其完备程度直接决定了区域一体化发展的水平[180]。而交通运输用地是承载交通网络的基础平台，是区域协调发展的重要载体。因此，在进行区域交通运输用地优化配置时，应以区域一体化理论为指引，通过合理的用地配置，加强区域一体化水平，以实现区域协调发展。

2.3.3 可持续发展理论

1980 年，可持续发展（Sustainable Development）一词被国际自然保护联盟（IUCN）首次提出，其旨在倡议“通过保护生物资源实现可持续发展的总体目标”的世界保护战略。当时，人们对可持续发展的认知还只是停留在生物资源层面，重点关注与遗传多样性和生境的维持[181]。1987 年，世界环境与发展委员会（WCED）发表了一份报告 *Our Common Future*，正式提出可持续发展的概念——“可持续发展是指既满足当代人的需要，又不损害后代人满足需要的能力的发展”[182]，受到世界各国政府组织和舆论的高度重视。1992 年，可持续发展理念在联合国环境与发展大会上得到广泛认同。世界各国学者从自然属性、社会属性、经济属性以及科技属性四个角度，分别对可持续发展理论进行了研究。对比不同角度的可持续发展内涵，虽研究出发点和重点不同，但都共同表现出可持续发展的三大特征：①保证健康、理性、快速的发展（数量维）；②发展必须在自然资源和生态环境的可控（可承载）范围之内，强调发展的内在效率和质量（质量维）；③追寻发展的延续（时间维）[183]。因此，可持续发展追求的是共同发展、协调发展、公平发展、高效发展和多维发展，引导区域经济发展与自然资源以及生态环境的平衡[184]。

土地资源作为地球生物的核心载体，其可持续利用更是关乎地球永续发展的重中之重。如何以可持续发展的土地利用方式，推动人类经济社会的发展，将是土地学科的重要问题。基于可持续发展的基本概念，土地资源可持续利用的基本内涵主要涉及三个层面：就生态层面而言，土地资源的开发和利用，要确保自然生态系统的稳定运行，在保有足量生态空间的基础上，开展各种生产性的土地资源开发利用，实现土地资源开发利用与自然生态的协调[185]；就社会经济层面而言，土地资源的利用要与区域社会经济发展状况相匹配，在保证土地系统结构相对稳定的基础上，尽可能地带来更高的社会效益和经济效益[186]；就伦理层面而言，土地资源的开发利用要充分考虑代际公平，既要考虑当代人的生存发展需求，又要保证后代人的发展需要，要保证土地资源生产潜力，防止土地退化，或通过人为干预恢复土地固有的生产能力[187]。交通运输用地是服务于其他产业发展的基础性、先导性、战略性承载平台，是土地资源可持续利用的重要组成要素。因此，在进行区域交通运输用地优化配置时，应充分考虑可持续发展的要求，实现土地利用与社会、经济和生态的协调发展。

3 多元目标导向下区域交通运输用地配置的理论框架体系

土地资源的优化配置是一个系统性问题，需要从多个视角来综合考虑，因而造成了土地资源优化配置的目标呈现多元化。交通运输用地作为产业用地的重要组成部分，承载着人类生活、生产活动中所有的出行和运输需求，也是区域间人口流动、货物流通、信息传递的重要媒介，其优化配置要综合考虑经济发展、社会民生、区域协调等多个方面。因此，如何从理论层面构建多元目标导向下的交通运输用地配置框架体系是后续开展实证研究的基础。本章以区域交通运输用地优化配置的多元目标为出发点，从历史背景、目标组成、理论内涵和形成基础等方面，综合阐述和提出了符合我国发展特色的区域交通运输用地配置的多元目标，系统构建了理论分析框架体系，为后续章节的实证研究提供了理论基础。

3.1 区域交通运输用地配置的多元目标

3.1.1 多元目标的提出背景

伴随着中国经济发展的突飞猛进，我国的土地利用从粗放向集约转变，从关注经济效益向综合考虑经济－社会－生态效益转变，正在探索一条土地资源的可持续利用之路。在我国，由于国家是土地的所有者，拥有配置土地资源的主导权，因此决策者针对土地资源优化配置制定的每一项决策，都关乎土地是否能被高效、可持续地利用。在中华人民共和国成立初期，正处于百废待兴的阶段，解决温饱问题是面临的首要任务。此阶段，农用地的分配成为土地利用的重点，对建设用地配置的意识较为薄弱。改革开放以后，我国经济飞速发展，工业化和城镇化进程加快。这一时期，我国建设用地配置主要模式是“哪里缺地供哪里”。随着我国经济发展进入新时代，土地供应进入结构调整、存量挖潜、提质增效的新阶段，且在我国提出的区域协调发展战略的推动下，建设用地的配置更加注重区域协调发展。而交通运输用地作为建设用地的重要组成，在其优化配置过程中应综合考虑供需关系、高效性、协调性和可持续性等多个方面。

3.1.2 多元目标的确定

交通运输用地作为支撑各产业部门发展的重要基础设施用地，其配置的面积、时序、区位、结构和效率都得到国家的广泛关注。自然资源部在新一轮土地利用总体规划中明确提出，在控制建设用地规模的同时，要严格保障基础设施用地的供应。基于交通运输用地自身特有的性质（服务功能），我国土地利用的历史和现状（由粗放到集约），用地配置的关键要素（时间、空间、用途和规模），以及我国战略任务的转变（区域协调发展、可持续发展），本书确定了在开展区域交通运输用地优化配置时需考虑的四大目标。

1）根据土地资源配置理论，土地资源在规模（面积）上的合理配置是用地优化配置的关键要素之一，也是缓和土地供需矛盾的核心环节。针对当前我国交通运输用地空间分配的不协调问题，本书提出区域交通运输用地配置的目标一：满足城市交通运输用地面积的切实需求，实现区域用地的供需平衡。

2）结合交通运输用地自身特性，交通运输用地承载着交通基础设施建设活动，并主要通过服务于其他产业的发展（尤其是主导产业和战略新兴产业的发展）来体现自身的经济价值。因此，主导产业的稳定、健康、持续发展，是探讨交通运输用地优化配置的核心目标。基于此，本书提出区域交通运输用地配置的目标二：迎合地方主导产业发展之需，提升地方发展内生动力。

3）随着区域一体化理论的不断发展，我国大力推进区域协调发展战略，交通运输用地的合理配置直接刺激地方交通基础设施的建设，进而加强区域城市间的网络联系，以形成城市间的互相合作、共同发展的区域一体化发展新格局。可以说，交通网络是区域一体化发展最为重要的媒介。本书基于此，提出区域交通运输用地配置的目标三：提高区域城市之间的网络联系，实现区域协调一体化发展。

4）以可持续发展理论为基础，参照土地资源可持续利用的基本内涵，本书提出用地优化配置应以同时实现社会、经济和生态的最大化效益为目标，即在开展土地开发建设活动的同时，应考虑对土地生态效益的维护，保障土地资源潜力可满足后代的生存发展需求。基于此，本书提出区域交通运输用地配置的目标四：综合提升土地利用的经济、社会和生态效益，实现经济－人口－生态和交通运输用地利用的协调发展。

接下来，本章对四大目标的内涵进行深入探讨，并在此基础上构建多元目标导向下的区域交通运输用地配置理论框架体系。

3.2 多元目标的内涵及形成基础

3.2.1 交通运输用地供需协调内涵

实现区域用地的供需平衡，是开展区域城市交通运输用地配置的首要目标。土地是人类生存和发展的基础载体，人类的任何生产建设活动都离不开土地的支撑。土地的类型取决于人类在土地上开展什么样的活动。例如：住宅用地是用于人类日常生活居住的土地，工业用地是用于人类工业生产、产品加工制造、机械和设备修理的土地，而交通运输用地则是承载人们出行以及服务于人类各项经济活动的土地。交通运输用地是服务范围最广的用地，它在人类的生活和生产中都扮演着重要的角色，与人类的生活和产业的发展息息相关。

由于土地资源具备稀缺性和有限性的基本特性，那么决策者 / 规划者必然会面临如何合理配置各类土地的难题，如何实现土地供需的平衡成为土地科学领域的重要挑战。在城市不断扩张的背景下，由人口增长和迁移带来的出行需求增加，以及由产业经济发展带来的货运需求增加，导致交通运输用地需求面积不断增长，其配套的各类交通运输用地因而存在缺口。而填补用地缺口的最直接的手段，就是增加用地的供给，以满足用地面积的需求。交通运输用地作为基础设施用地的重要类型，政府部门对交通运输用地的供应占据主导，市场对其供应的影响相对较小。因此，不同于其他经济用途的建设用地，交通运输用地的供应重点考虑两个因素：其他用地的约束和地类的选择。由于城市的发展对建设用地的需求是多元的，包括工业、商业、住宅、仓储、市政、交通等，以及为了满足人类生存和可持续发展而必须保有的农用地和生态用地，因此交通运输用地的供应需综合考虑其他用地的制约，在均衡生存和发展的前提下，开展交通运输用地的供应。此外，交通运输用地的供应要充分考虑其内部的结构和需求特征，针对不同情况开展不同类型的土地供应（图 3.1）。

3.2.2 主导产业发展与交通运输用地配置互动关系内涵

配置迎合城市主导产业发展之需的交通运输用地是合理制定用地配置策略的关键目标之一。以往研究表明，交通基础设施的建设能拉动地区产业经济的发展，即交通运输用地的供应可以推动地方主导产业的发展。交通运输用地本身无法创造收益。它是通过依附于、服务于其他产业来发挥自身的功能性。交通基础设施完善的地区往往能够形成产业聚集。这是因为产业的发展往往要考虑交通带来的距离成本，为了减少距离成本，产业会向交通基础设施完备的地区转移。

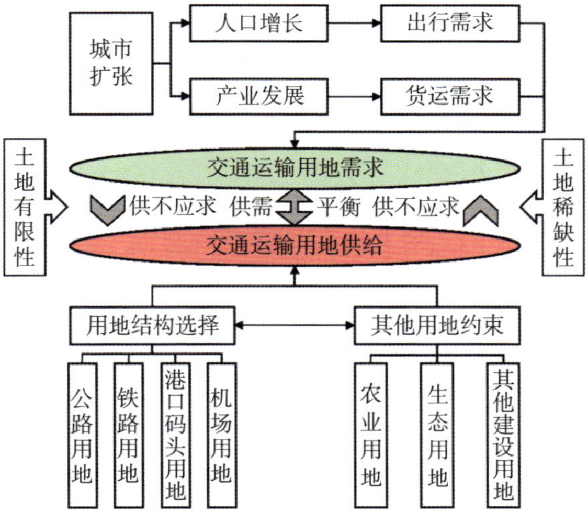

图 3.1 交通运输用地供需协调内涵图

由于各行业对交通运输需求不同，导致不同的行业对交通运输用地的依赖程度存在差异。根据以往的研究，重工业、重加工业等对原材料需求较高的行业对交通运输部门的需求程度更高，而住宿餐饮业、互联网金融业等服务业对交通运输部门的需求普遍较低。此外，不同的行业部门所依赖的交通运输方式存在差异[188]。由于公路运输具有很高的普适性，且公路网络在交通运输体系中更为完备，公路运输成为多数产业部门偏好的交通运输方式。而考虑到运输体量、运输时效、地理区位和生态保护等诸多因素，铁路、港口和机场运输一般服务于特定的行业部门。举例来说，能源消耗密集型产业由于运输体量较大且对运输时效要求不高，一般倾向于使用铁路运输或水路运输；由于高污染的行业性质导致此类产业不宜距离河流水系太近，因而更加倾向于向铁路枢纽附近聚集。而劳动密集型产业，如纺织服装业、食品制造业等，要同时考虑运输体量、运输时效和市场距离，因此对公路运输和航空运输更加偏好。资本密集型和技术密集型产业，如电子信息产业、高端装备产业等，更加偏好于聚集在城市化水平较高的核心发展区和高新产业园区，这些地区往往具备完善的交通基础设施体系，因而此类产业的运输方式选择更加多元化（图 3.2）。由此可见，从土地面积 / 规模角度开展用地配置是解决交通运输用地供需失衡的初步环节，而如何针对城市主导产业配置合理的交通运输用地类型，决定了城市未来的发展效率、潜力和方向。

3.2.3 区域城市网络化发展内涵

在区域一体化理论的指引下，提升区域城市间交通网络联系的紧密性是开

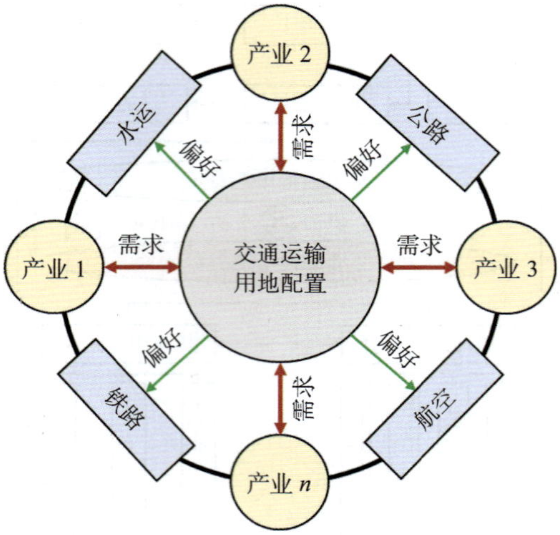

图 3.2 主导产业与交通运输用地配置互动关系

展区域城市交通运输用地配置的一个重要目标。随着全球化、信息化的不断推进，城市间的沟通互动成为常态，城市网络化、集群化的竞合态势成为区域一体化发展的基础 [189]。区域间的交通运输网络是区域内各个独立空间互相联系的桥梁，承载着人口流动和物资流通，也是生物迁徙的重要生态廊道。在城市内部，交通网络通达性的高低，体现了城市的通勤能力，是城市健康发展的重要指标。当前，多数学者也重点将视角关注于城市内部交通网络的通达性研究。近年来，我国推出的重大国家发展战略，如：京津冀、长江经济带、粤港澳大湾区协同发展，都强调了区域一体化发展的重要性，而城市间的交通网络则是构建区域一体化发展空间载体的基石。针对区域尺度，交通网络通达性的大小决定了一个行政单元与周边其他行政单元的交互能力，这直接加强了城市间的相互合作、协同发展 [190]。交通运输通达性高的城市往往可以带动周边城市的发展，形成一个协作共赢的空间组织（城市群或都市圈），如“长江三角洲城市群”“武汉城市圈”“成渝都市圈”等。而多个相邻的城市群和都市圈又通过交通网络相互联系，形成带状经济区，即经济带，如“长江经济带”和“沿海经济带”（图 3.3）。因此，合理提高区域城市间的交通网络连通程度，是进行区域交通运输用地优化配置时的一个重要目标。

3.2.4 区域人口 - 经济 - 生态和交通运输用地利用的协调发展内涵

区域人口 - 经济 - 生态和交通运输用地利用的协调发展，是区域城市交通运输用地配置能否可持续的关键。随着我国城市化进程的加快，我国部分城市粗放型的供地政策导致城市交通运输用地供应指标吃紧 [191]，这些城市对土地

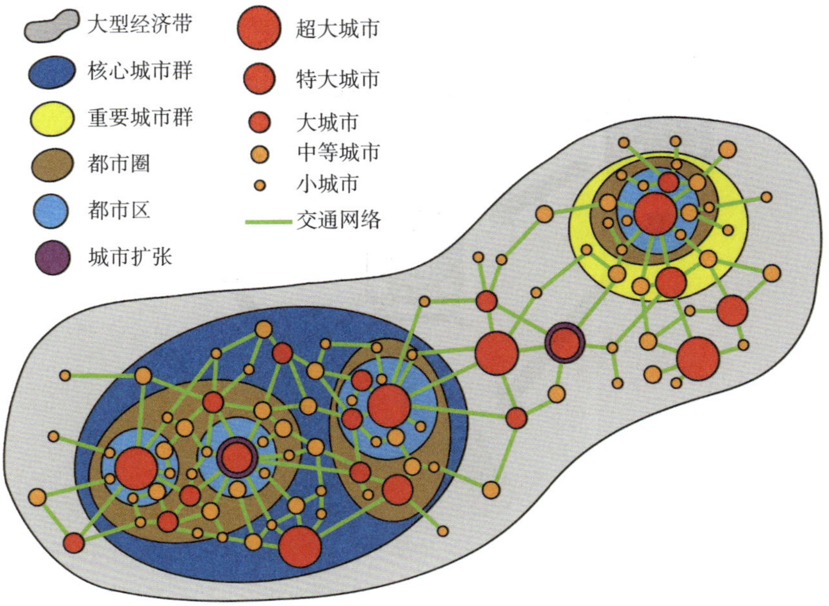

图 3.3　区域交通网络化联系示意图

资源的配置应从粗放供应向结构调整、存量挖潜、提质增效转变。由于国家每年的供地指标是有限的，因而要把土地配置的重点聚焦于交通运输用地供需不平衡的城市。此外，依据土地资源的可持续利用理论，交通运输用地的供应面积不是越大越好，要适应城市当前的经济、社会和生态发展状况[192]。因此，在制定交通运输用地配置策略时，既要考虑交通运输用地面积上的缺口和产业发展的需求，还要综合考虑人口、经济和生态三个系统对交通运输用地利用的约束作用和协调发展（图 3.4）。城市的人口规模决定了人类出行需求，进而影响着对交通运输用地的需求。针对不同的城市人口规模和增长速率，配置与之相匹配的交通运输用地规模，可以实现交通运输用地利用与人口出行需求的良性互动。反之，粗放的用地方式导致土地利用效率低下，人口和用地比例失调，进而阻碍城市的高质量发展。虽然交通基础设施的建设会刺激城市经济的发展，但粗放的交通运输用地供给无法对经济的发展起到正向作用，粗放、低效的用地供应说明城市内部土地利用存在病态，这会影响到其他产业用地的供应。此外，随着生态文明建设进程的加快，我国的土地利用规划思想从“一要吃饭、二要建设、三要保护环境”向“生态优先”转变，这体现了在新时代下我们国家对生态建设的重视[193]。在进行交通运输用地配置时，应该把生态的约束考虑在内，要严守生态保护红线，协调好交通运输发展与生态环境保护间的关系。

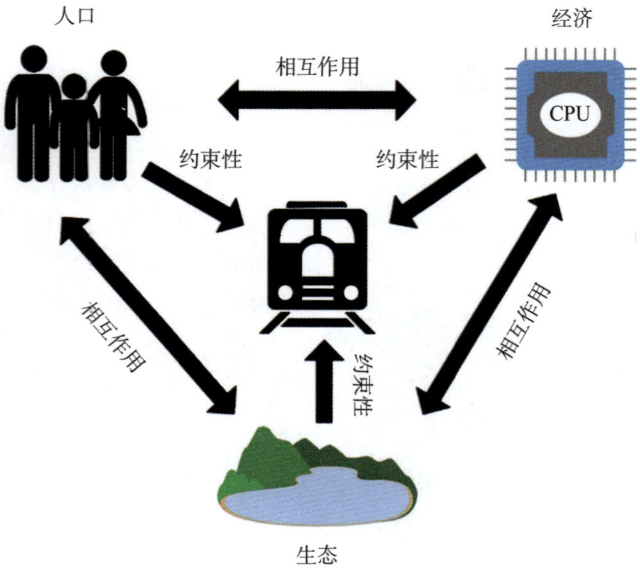

图 3.4　区域人口－经济－生态和交通运输用地利用的协调发展内涵图

3.3　区域交通运输用地配置理论框架

在以往的区域土地资源优化配置过程中，由于没有形成一套完整的交通运输用地资源配置框架体系，导致有些城市在制定用地配置对策时考虑相对片面，有些城市则为了片面的追求 GDP 而只关注工业用地、商业用地、住宅用地的供应，“以地生财”“筑巢引凤”之风在地方政府盛行，忽视了基础设施用地扮演的重要角色。因此，出现建设用地供应规模大但利用粗放，且服务性的基础设施用地供应规模得不到保障，重经济发展而轻视基础设施建设成为一些城市的通病。基于 2.3 节对相关基础理论的探讨，以及 3.2 节对交通运输用地多元目标内涵的阐述，本书构建了多元目标导向下的区域交通运输用地配置理论框架，旨在从区域尺度开展交通运输用地优化配置研究，为实现区域交通运输的协调一体化发展提供理论基础。

就区域交通运输用地配置理论框架的组成要素而言，以土地资源优化配置理论为基础，以区域一体化理论和可持续发展理论为指引，本框架主要是解决三个问题：哪些区域更亟须土地资源的配置（时空）？需要配置什么类型的土地（用途）？需要配置多少土地（数量）？针对这三个问题，本书基于五个要素构建了区域尺度交通运输用地配置框架体系，分别为依赖性（Dependence）、主导性（Dominance）、通达性（Accessibility）、协调性（Coordination）和需求性

（Demand）。其中，依赖性和主导性是从影响交通运输发展的内部性因素出发，依据主导产业与交通基础设施配置的互动关系内涵，从城市主导产业对交通运输的需求程度和偏好类型，来分析城市交通运输用地的依赖程度和需求类型，旨在通过交通运输用地配置满足城市主导产业的发展。通达性和协调性则是从影响交通运输发展的外部性因素出发，依据区域城市网络化发展内涵和区域人口－经济－生态和交通运输用地利用的协调发展内涵，旨在强化区域城市间的网络化联系，并实现区域交通运输用地的协调一体化发展。需求性是从城市自身发展所需的用地面积着手，基于土地供需协调，合理开展城市交通运输用地需求预测，以明确各市交通运输用地的配置规模。

具体到配置流程而言，明确各市土地资源配置的优先级是开展区域交通运输用地配置的第一步。有目标、有方向、有重点的土地资源配置影响着区域交通运输协调一体化发展，是提高区域整体土地利用效率的关键路径。本书从交通依赖性、通达性和协调性三个方面，综合决定区域交通运输用地配置的时空优先次序，将依赖性高、通达性弱、协调性低的城市作为区域交通运输用地配置的优先城市，即从土地资源配置的时间和空间角度展开研究。在明确交通运输用地配置优先次序的基础上，通过城市交通主导性分析来明确各城市的主要用地类型则是对用地优化配置的进一步细化，即从土地资源配置的类型（用途）角度展开研究。主要用地类型的确定，要充分结合城市当前的主导产业和战略新兴产业发展方向，迎合产业发展之所需。在聚焦区域用地优先配置对象的基础上，细化供地类型是提升用地配置效率的另一关键所在。在明确用地配置优先级（时空）和优先类型（用途）的基础上，明确用地需求（保量）是对土地资源配置的进一步落地，对用地需求的合理预测是开展区域土地资源配置的重要量化参考，即从资源配置的规模（面积）角度展开研究。综合而言，在制定区域用地配置策略的过程中，用地配置的优先级、优先类型和规模大小之间，既层层递进，又互相联系；优先级和优先类型是提效的重要保障，而用地需求的预测是保量的关键环节；区域城市交通运输用地优化配置方案的制定，是在保量和提效的双重约束下开展的。

综上所述，本书以资源配置理论、区域一体化理论和可持续发展理论为理论基础，以区域交通运输用地配置的多元目标内涵分析为指引，综合考虑主导产业和战略新兴产业对交通运输用地的需求（依赖性和主导性），城市间交通网络的通达程度（通达性），人口－经济－生态与交通运输用地配置协调发展（协调性），以及城市交通运输用地需求面积（需求性），提出了一套“次序鲜明、类型明确、规模合理”的区域尺度交通运输用地配置理论框架体系（图 3.5）。

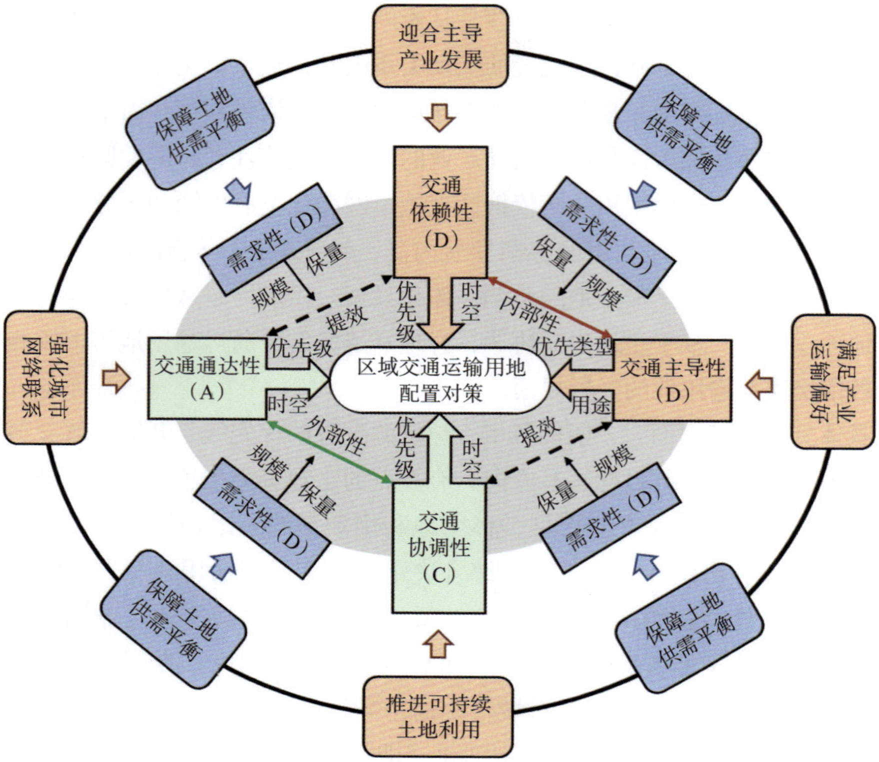

图 3.5　区域交通运输用地配置理论框架

4 长江经济带交通运输用地时空演变特征与供需问题分析

时空变化分析是初步掌握研究区域交通运输用地演变特征的重要手段，旨在将区域交通运输用地的空间差异性和时间动态性定量化、可视化地呈现出来。随着区域发展，交通运输用地的需求面积和供应面积的时空变化特征具备一定的规律性，通过统计学手段和空间分析工具可以定量挖掘潜在规律。本章首先从用地规模和供地规模两个视角，分析长江经济带交通运输用地的时空演变特征，从整体上了解研究区域的交通运输用地供需特征。其次，从空间自相关的角度，运用空间分析工具来定量化用地规模和供地规模的空间依赖性，探讨研究区域交通运输用地供需的空间聚集效应。再者，将交通运输用地细分为公路用地、铁路用地、机场用地和港口码头用地，分类型讨论不同交通运输用地的时空演变特征，并对比长江经济带城市间的用地结构差异。此外，从经济和人口两个层面分析长江经济带交通运输用地的利用效率，并对比其时空差异。最后，在以上分析的基础上，揭示当前长江经济带交通运输用地供需中存在的问题，为后续交通运输用地配置策略的制定奠定基础。

4.1 交通运输用地利用时空演变分析

4.1.1 交通运输用地规模时空变化分析

由于交通运输用地规模的大小很大程度上受到城市行政区面积的限制，因此不宜单一采用交通运输用地面积的总量作为用地规模的对比指标。这很容易造成认知上的偏差。为了更好地反映长江经济带内城市间交通运输用地利用的现状差异，本书选取用地面积与行政区面积的比值作为城市间交通运输用地规模对比的指标，从用地面积总量和用地规模两个角度对比交通运输用地利用的时空变化差异。

就长江经济带交通运输用地面积的时间变化对比来看，各市交通运输用地面积呈逐年增长的趋势。可见，近年长江经济带交通基础设施建设处于大力扩张阶段。但城市间交通运输用地规模的差距较大，且呈现出差距缓慢扩大的趋势。可见，长江经济带交通运输用地配置整体呈失衡状态。

就2016年长江经济带各城市交通运输用地规模的现状而言，交通运输用地规模较大的城市主要集中省会城市、直辖市和长江下游地区（图4.1）。长江三角洲城市群、长江中游城市群和成渝城市群的核心城市，普遍交通运输用地规模较大，且交通运输用地规模呈现放射状，以核心城市向周边城市逐渐减少。长江经济带交通运输用地规模排名前十位的城市分别是上海市、无锡市、嘉兴市、常州市、苏州市、铜陵市、镇江市、南通市、南京市和扬州市，前十名城市中有7个城市属于江苏省。上海市是汇集水、陆、空交通资源的超大型城市、长三角地区最大综合交通枢纽。该市交通运输用地规模在长江经济带中排名第一，用地规模近武汉市的两倍。长江经济带交通运输用地面积排名后十位的城市分别为甘孜藏族自治州、阿坝藏族羌族自治州、怒江傈僳族自治州、迪庆藏族自治州、凉山彝族自治州、雅安市、西双版纳傣族自治州、丽江市、十堰市和普洱市。这些城市普遍集中在长江中上游地区，且均为四五线城市。其中，交通运输用地规模最小的甘孜藏族自治州仅是上海市的1/60。此外，长江经济带近80%城市的交通运输用地规模都在[0 ~ 0.03]的区间内，频数分布呈现偏态分布。这反映出当前长江经济带交通基础设施建设水平较低，用地规模较高、交通基础设施相对完备的城市仅占少数，且主要集中于省会级城市或经济发展水平较高的城市。可见，长江经济带交通运输用地的配置在空间上较为失衡。

长江经济带交通运输用地规模增量（2009—2016年）的空间分布与总量的空间分布存在明显的相似。用地规模增量较高的城市主要集中在长江下游地区和长江中游城市群、成渝城市群。此类城市往往经济发展速度较快且人口较多，刺激城市交通基础设施快速建设。交通运输用地规模增量大小排名前十位的城市分别是铜陵市、马鞍山市、淮南市、芜湖市、合肥市、南京市、贵阳市、鄂州市、武汉市和上海市。值得注意的是，安徽省的铜陵市、马鞍山市、淮南市、芜湖市、合肥市在2009—2016年间都经历了行政区的变动，地级市巢湖市在2011年解体，并入合肥、芜湖、马鞍山三市管辖；安庆市的枞阳县整建制归铜陵市管辖；六安市寿县划归淮南市管辖。因此，增量排名靠前的安徽省各市主要因其行政区划的改变导致增量变化较大。而其他增量排名靠前的城市均为省会级城市，经济快速发展和人口的大量增长和涌入带来更高的城市交通运输用地需求。交通运输用地规模增量大小排名后十位的城市主要分布在长江上游地区的四川省和云南省，分别是阿坝藏族羌族自治州、甘孜藏族自治州、凉山彝族自治州、西双版纳傣族自治州、普洱市、怒江傈僳族自治州、昭通市、张家界市、楚雄彝族自治州和雅安市。

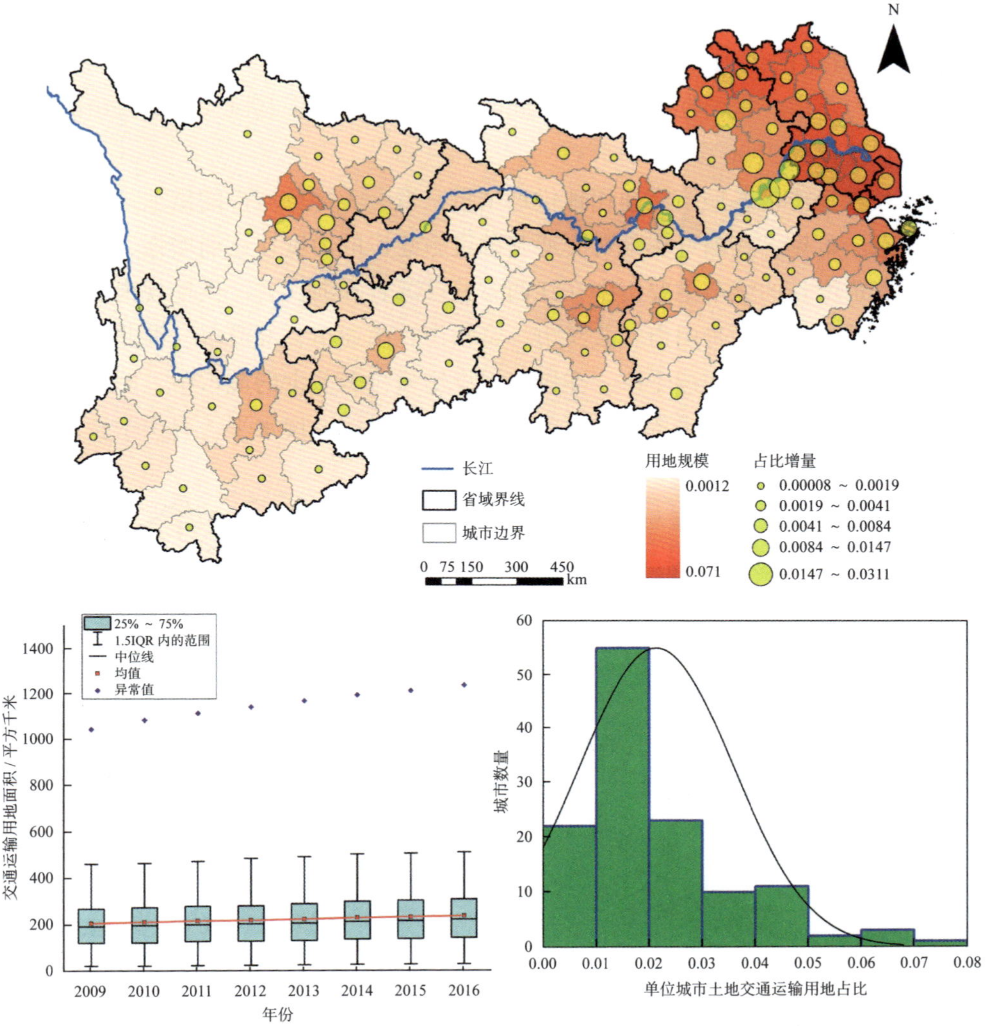

图 4.1　长江经济带各城市交通运输用地现状及增量

4.1.2　交通运输用地供地规模时空变化分析

长江经济带交通运输用地供地规模高的城市与用地规模高的城市较为相似，主要集中在长江下游地区、长江中游城市群和成渝城市群，且此类城市多为省会级城市或者区域经济发展快、人口承载多的核心城市（图 4.2）。2016 年，长江经济带交通运输用地供地规模排名前十位的城市包括上海市、舟山市、武汉市、嘉兴市、泰州市、合肥市、南通市、成都市、南京市和遂宁市。交通运输用地供地规模排名后十位的城市包括怒江傈僳族自治州、阿坝藏族羌族自治州、甘孜藏族自治州、黔西南布依族苗族自治州、凉山彝族自治州、南充市、昭通市、巴中市、德宏傣族景颇族自治州和广元市。其中，怒江傈僳族自治州和阿坝藏族羌族自治州 2016 年的供地面积为 0。供地规模小的城市多集中在长江上游地区，经济发展相对落后，且长江经济带城市间的供地规模差距极其巨大，上海市的供地规模是甘孜州的 3000 多倍。

从长江经济带各城市交通用地供地增量来看，大部分城市的供地规模都呈增加的状态。可见，我国近年来对交通基础设施建设的力度在逐渐增强，而供地量呈现显著负增长的城市主要集中在江西省、江苏省和浙江省。供地规模增量排名前十位的城市分别是舟山市、武汉市、泰州市、南通市、湘潭市、淮北市、黄石市、温州市、成都市和遂宁市。在供地规模增量排名前十的城市中，明显可以发现，武汉市和成都市属于省会级城市，其他城市经济发展水平普遍位于长江经济

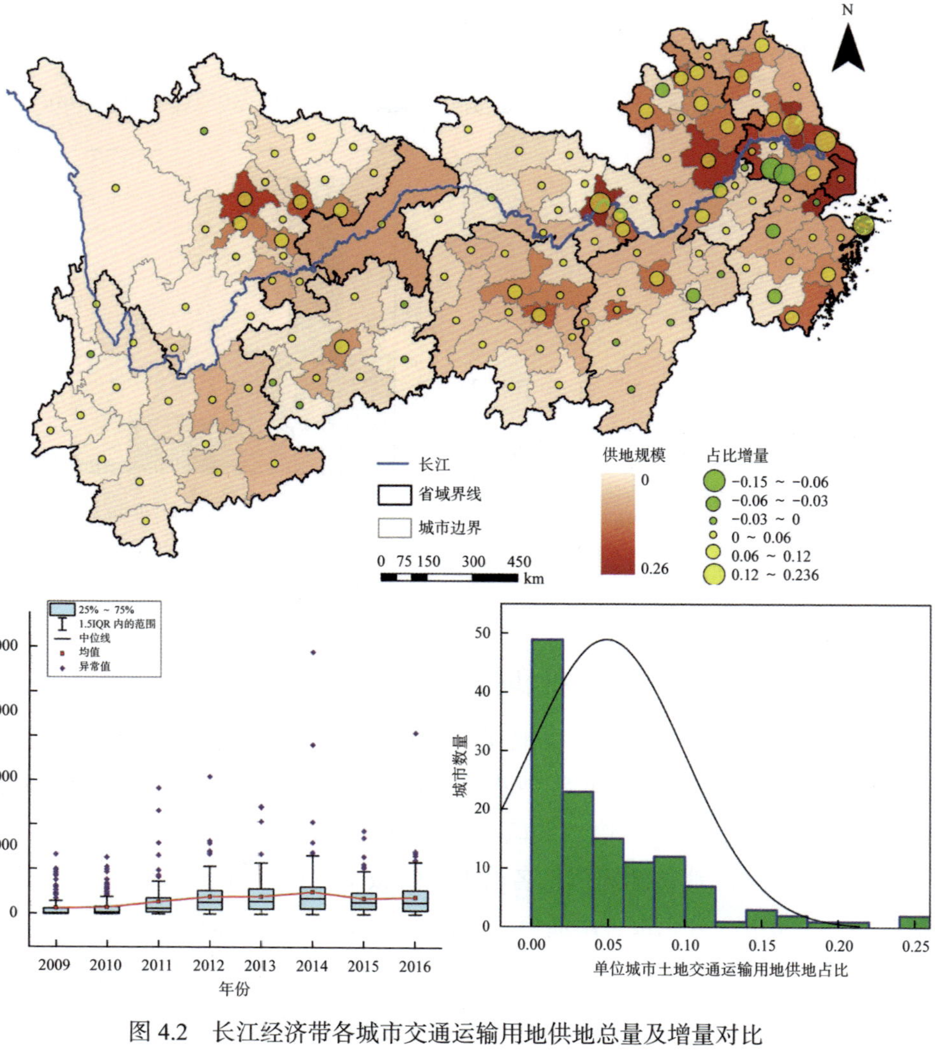

图 4.2　长江经济带各城市交通运输用地供地总量及增量对比

带城市的中上水平，并且正在经历经济发展的快速上升阶段；为满足快速发展的经济，其供地规模的增量较高。供地规模增量排名后十位的城市分别是无锡市、常州市、鹰潭市、杭州市、亳州市、丽水市、上饶市、马鞍山市、抚州市和吉安市。其中，供地量负增长最为显著的无锡市相比于同地区其他城市，其发展较早、交通基础设施建设较为成熟，交通运输用地供给趋于饱和，不断挖潜现有交通运输用地成为该市面临的重要挑战。因此，供地规模增量下降明显。

此外，2009—2016 年，长江经济带交通运输用地供应面积存在显著差异。2016 年，长江经济带交通运输用地供地总面积是 2009 年的 3 倍。可见，我国对交通运输用地供地力度逐渐增大。从供地对象来看，2009 年交通运输用地供地面积城市间的差异明显小于 2016 年。这表明，我国供地对象从主要关注几个点向面状发散。随着大城市交通运输用地趋于饱和，主要的供地对象从省会城市、一二线城市逐渐向三四线城市转移。此外，长江经济带近 70% 城市的交通运输用地供应规模都在 0 ~ 0.05% 的区间内，频数分布呈现偏态分布。这反映出当前长江经济带交通基础设施建设力度普遍还处于较低水平，供地规模较高、交通基础设施建设较快的城市仅占少数，且主要集中于省会级城市或经济发展水平较高的城市。

4.2 交通运输用地利用规模空间聚集特征分析

4.2.1 空间自相关分析方法

4.2.1.1 全局空间自相关分析

空间自相关指的是空间上临近事物的相似程度，反映了事物对空间位置的依赖性。其中，全局空间自相关分析通常用来描述空间要素属性值在所研究区域的全部范围内的空间分布特征，并测度与其相邻空间要素属性值的相似水平，对反映某一指定空间要素属性在整个空间范围内的分布特征具有重要意义[194]。最常用的统计量是全局莫兰指数（Global Moran’I），计算公式如下：

$$I=\frac{n}{S_0}\times\frac{\sum_{i=1}^{n}\sum_{j=1}^{n}W_{ij}(y_i-\bar{y})(y_j-\bar{y})}{\sum_{i=1}^{n}(y_i-\bar{y})^2} \tag{4.1}$$

$$S_0=\sum_{i=1}^{n}\sum_{j=1}^{n}W_{ij} \tag{4.2}$$

式中：I 为全局莫兰指数；S_0 为所有空间权重的集合；n 为空间单元总个数；y_i 和 y_j 分别表示第 i 个空间单元和第 j 个空间单元的属性值；$\bar{y}$ 为所有空间单元属性值的均值；W_{ij} 为空间权重值。

4.2.1.2 空间局部自相关分析

局部空间自相关分析是度量研究区域内各个空间要素与其相邻的其他空间要素的空间关联程度，发现空间要素在局部区域内的空间分布特征差异；其反映的是研究区内部一定区域内的空间异质性，常用的统计量是局部莫兰指数（Local Moran'I)，计算公式如下[195]：

$$I_i = \frac{Z_i}{S^2}\sum_{j=i}^{n} W_{ij} Z_j \tag{4.3}$$

$$S^2 = \frac{1}{n}\sum (y_i - \bar{y})^2 \tag{4.4}$$

式中：I_i 代表第 i 个空间单元的局部莫兰指数；$Z_i = y_i - \bar{y}$；$Z_j = y_j - \bar{y}$；S^2 为方差。

基于局部莫兰指数的计算，绘制 LISA 聚类图以直观地将研究区域的局部空间自相关关系表征在地图上。根据局部区域与周边环境的关系，在全局内找出具有滞后性的区域，包括高—高关系，要素本身及其周边的值都较高；高—低关系，要素本身值较高而周边的值较低；低—低关系，要素本身及其周边的值都较低；低—高关系，要素本身值较低，而周边要素值较高。局部空间自相关关系可以判别空间内某一要素对周边要素的聚集作用。

4.2.2 交通运输用地规模空间聚集特征

2009 年和 2016 年，长江经济带交通运输用地规模的全局莫兰指数在 0.7 左右，用地规模呈现明显的空间自相关，即交通运输用地规模高（低）的城市周边的其他城市的交通运输用地规模也普遍较高（低）（图 4.3）。这表明，长江经济带交通运输用地需求具有密切的空间联系，交通基础设施相对完善的城市将积极影响辐射到周边城市，促进其周边城市交通基础设施的建设，进而刺激交通运输用地的需求。此外，2009 年的全局莫兰指数略高于 2016 年。这反映出近年来长江经济带城市交通运输用地规模虽一直呈现高度空间自相关，但交通运输用地配置对象更加多元化，长江经济带城市协同一体化发展思想逐渐展露。

从局部空间自相关结果来看，长江经济带交通运输用地规模在空间分布上具有聚集性特征。正向的空间自相关类型（高—高聚类和低—低聚类）在空间上呈“组团”式分布，高—高聚类的城市分布在长江下游地区，而低—低聚类的城市分布在长江中上游地区（图 4.4）。对比 2009 年和 2016 年 LISA 聚类图可以发现，2016 年低—低聚类的城市数量相较于 2009 年有所减少。发生该变化的城市主要分布在贵州省。这在一定程度上反映出交通基础设施的建设逐步打破长江上游城市用地规模低—低聚类的空间格局，交通运输用地的配置重点开始倾向

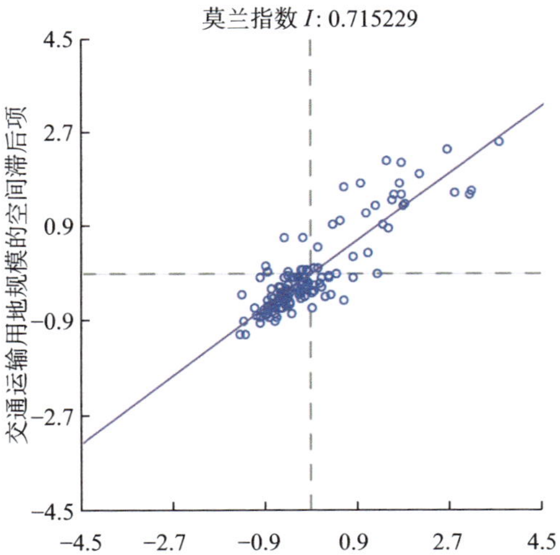

(a) 2009 年

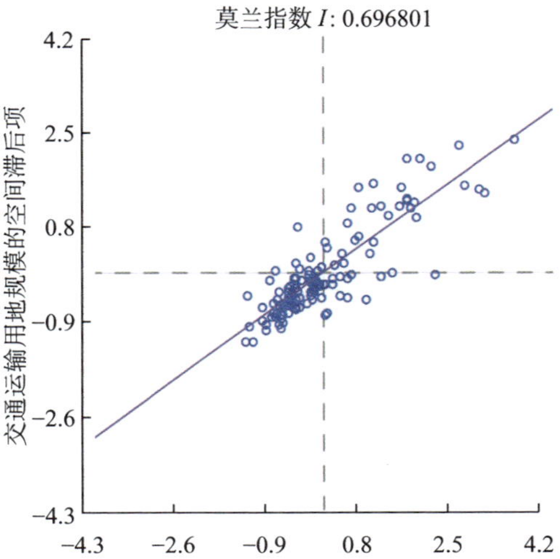

(b) 2016 年

图 4.3　交通运输用地规模全局莫兰指数

于上游城市。负向的空间自相关类型（低—高聚类和高—低聚类）在空间上较为分散。2009 年，只有昆明市呈现高—低聚类，宣城市和淮南市呈现低—高聚类。到 2016 年，贵阳市从低—低聚类转变为高—低聚类。

4.2.3　交通运输用地供地规模空间聚集特征

长江经济带交通运输用地供应规模呈现正向空间自相关，全局莫兰指数超过 0.2，小于长江经济带交通运输用地规模的全局莫兰指数。对比 2009 年和 2016 年的供地规模全局莫兰指数（图 4.5），2016 年的莫兰指数大于 2009 年，反映出近年来长江经济带交通运输用地供应的对象更具针对性。2016 年莫兰散点图中，分布在第一象限和第三象限的城市，多于 2009 年的莫兰散点图。

从局部空间自相关结果来看，长江经济带交通运输用地供应规模具有空间聚集性特征。类似于交通运输用地规模的 LISA 聚类图，正向的空间自相关类型（高—高聚类和低—低聚类）在空间上呈“组团”式分布，高—高聚类的城市分布在长江三角洲城市群，而低—低聚类的城市分布在长江中上游地区。负向的空间自相关类型（低—高聚类和高—低聚类）在空间上较为分散（图 4.6）。2009 年，武汉市呈现高—低聚类，舟山市、绍兴市、湖州市、宁波市、泰州市和宣城市呈现低—高聚类。到 2016 年，昆明市和宜宾市从低—低聚类转变为高—低聚类，舟山市、绍兴市、宁波市和泰州市从低—高聚类转变为高—高聚类，这反映出城市交通运输用地供应对其周边城市交通基础设施建设的带动作用。这种正向的空

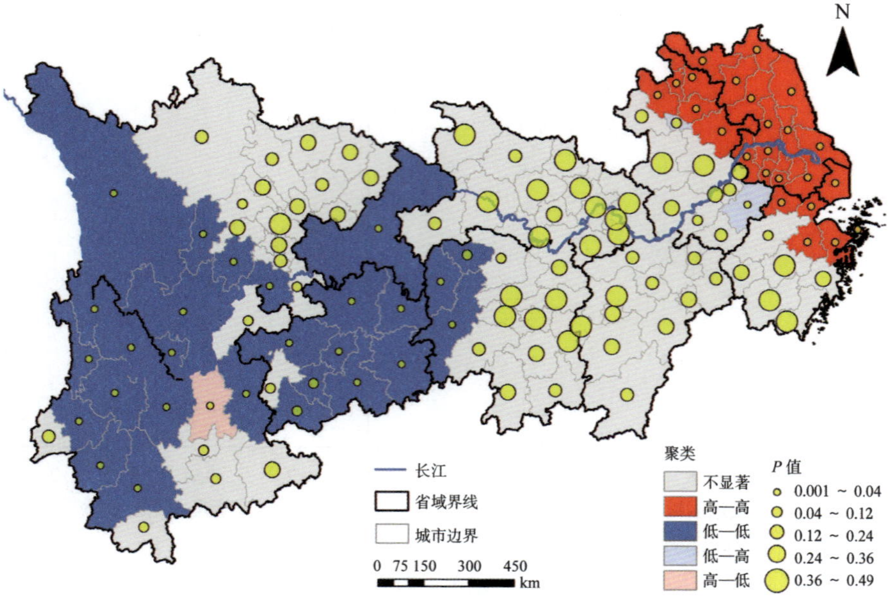

(a) 2009 年

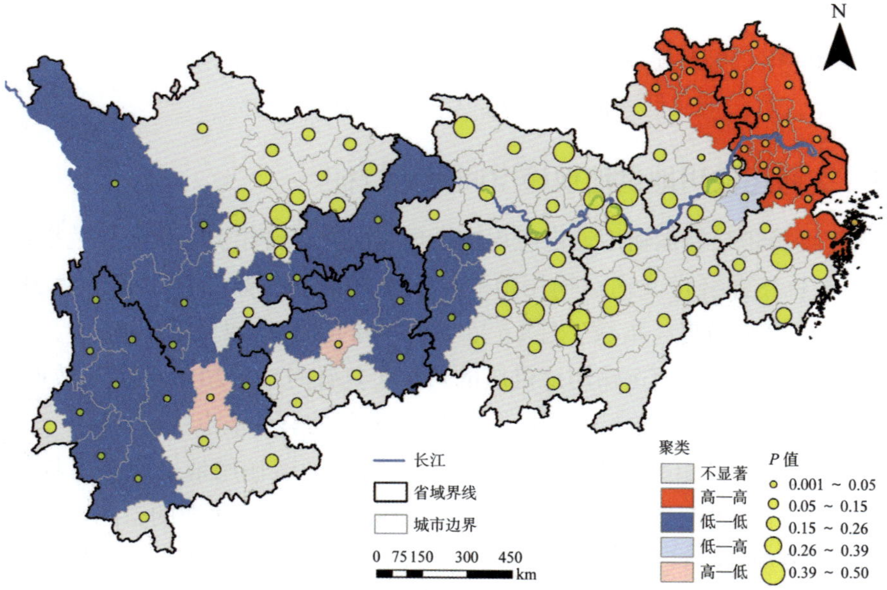

(b) 2016 年

图 4.4 长江经济带城市交通运输用地规模 LISA 聚类图

间关联现象在长三角地区尤为明显，多数长三角城市 2009—2016 年的供地规模呈现快速扩张趋势。

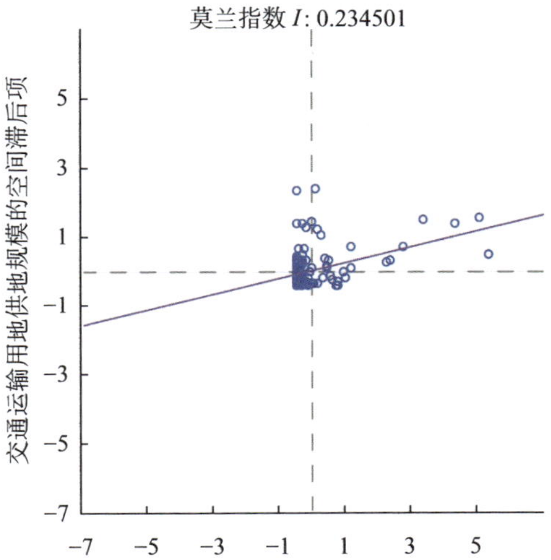

(a) 2009 年

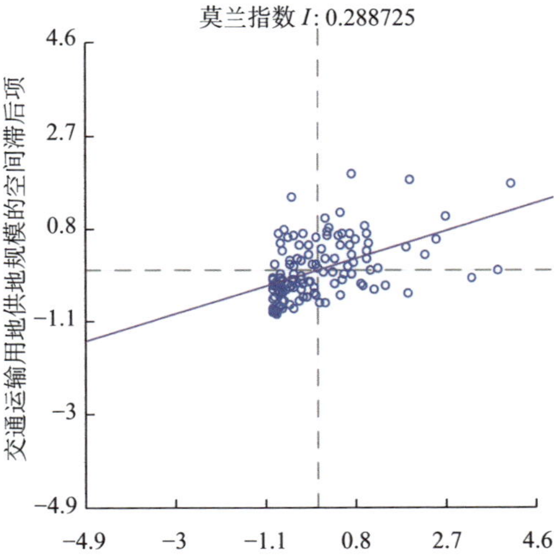

(b) 2016 年

图 4.5　交通运输用地供地规模全局莫兰指数

4.3　分类型交通运输用地时空变化分析

4.3.1　公路用地时空变化分析

长江经济带公路用地规模空间差异显著，呈现出明显的空间聚集特征。就2016年长江经济带公路用地规模的空间分布而言，总体呈现下游城市＞中游城市＞上游城市的空间格局（图4.7）。长江经济带中，公路用地规模排名前十的城市分别是无锡市、苏州市、上海市、常州市、嘉兴市、铜陵市、南京市、镇江市、泰州市和宁波市。用地规模排名靠前的城市，大多集中在长江三角洲城市群和其他省会级城市。长江三角洲城市群已经拥有较为完备的公路网络，城市群内城市达到高度互联互通。长江中上游公路用地规模较高的城市，主要集中在长江中游城市群和成渝城市群。公路用地规模排名后十位的城市分别是甘孜藏族自治州、怒江傈僳族自治州、阿坝藏族羌族自治州、迪庆藏族自治州、西双版纳傣族自治州、普洱市、凉山彝族自治州、丽江市、雅安市和文山壮族苗族自治州。长江中上游的大部分城市公路网布局并不完善，尤其是上游省份的边缘城市，无论是覆盖广度还是通达深度，与下游地区相比都有不小差距，公路用地规模普遍较小。

2009—2016年，长江经济带公路用地规模增量较高的城市主要分布在长江下游地区。此外，由于近年来中上游城市着眼构建内畅外联的路网体系，加快

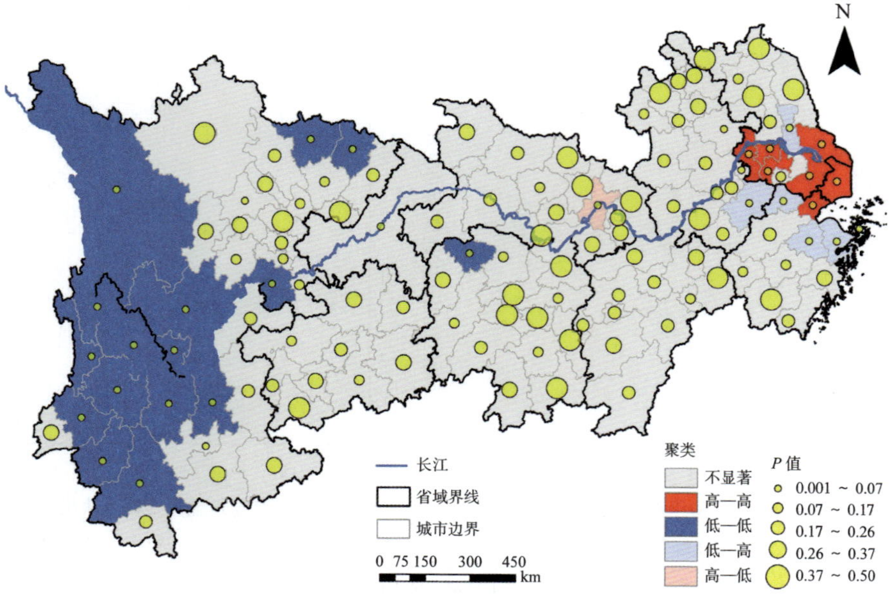

(a) 2009 年

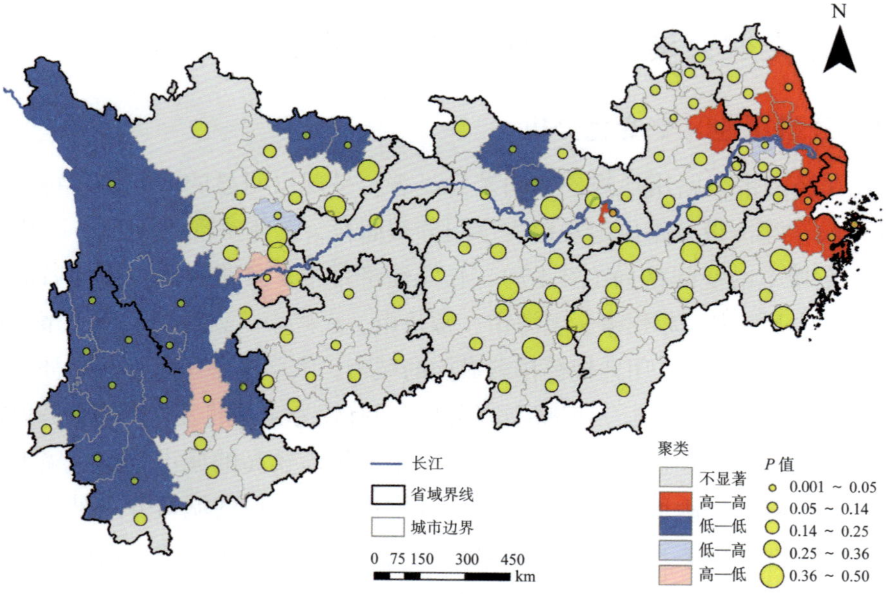

(b) 2016 年

图 4.6 长江经济带交通运输用地供应规模 LISA 聚类图

推进高速公路建设，长江中上游的几大核心城市群（长江中游城市群、成渝城市群、滇中城市群和黔中城市群）的公路用地规模也呈快速增长趋势。例如，武汉市、长沙市、重庆市、成都市、遵义市、赣州市、毕节市、昆明市等城市，在交

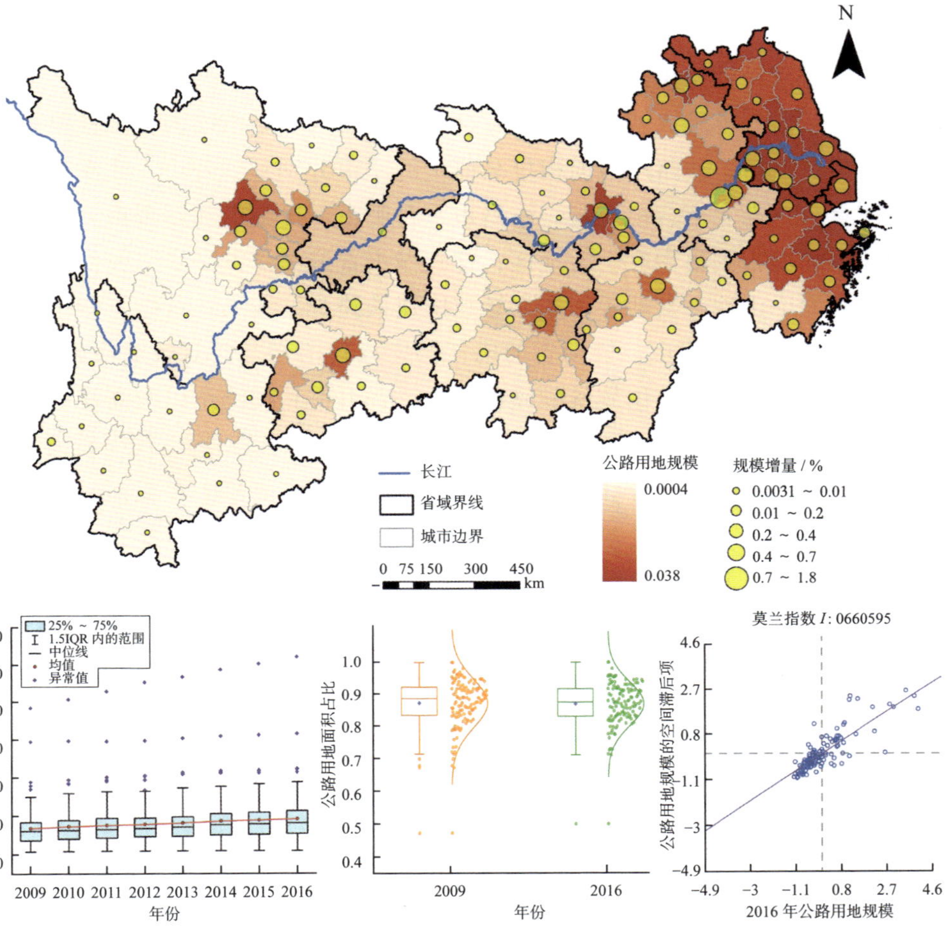

图 4.7 长江经济带各城市公路用地规模及增量时空特征分布图

通运输各个领域的改革发展均取得显著进展，加快推进畅通安全高效绿色的现代化综合交通运输体系构建，大力投资高速公路的建设。

从 2009 年和 2016 年公路用地面积和规模的变化对比来看，长江经济带公路用地面积逐年增长，平均公路用地规模略有上升，且城市间公路用地规模的异质性在减弱，反映出近年来长江经济带公路交通基础设施建设在不断推进且城市间的公路网络连通性更强。从空间特征聚集特征来看，长江经济带公路用地规模呈现正向空间自相关，莫兰指数超过 0.65。这表明，长江经济带公路用地规模空间集聚特征明显，公路用地规模高的城市往往其周边城市用地规模也高，反之亦然。

4.3.2 铁路用地时空变化分析

长江经济带铁路用地与公路用地的分布情况，既有相似之处又存在一定差异。铁路用地规模较大的城市多为省会级城市，这些城市均为我国铁路重要节点城市（图 4.8）。铁路用地面积排名前十的城市分别是铜陵市、武汉市、上海市、南京市、淮北市、镇江市、南昌市、合肥市、贵阳市和新余市。铁路用地面积较小的城市则集中在上游地区，这些城市普遍经济发展水平较低且地形地势多以高原、山地、盆地等为主，导致修建铁路难度较大。其中，四川省的甘孜藏族自治州和雅安市，云南省的怒江傈僳族自治州、西双版纳傣族自治州、迪庆藏族自治州、德宏傣族景颇族自治州、普洱市和临沧市以及浙江省舟山市的铁路用地面积为 0。与公路用地分布的不同点在于，铁路用地规模较大的城市主要集中在湖北、湖南、江西等中游地区，而不是主要集中在长江三角洲城市群地区。

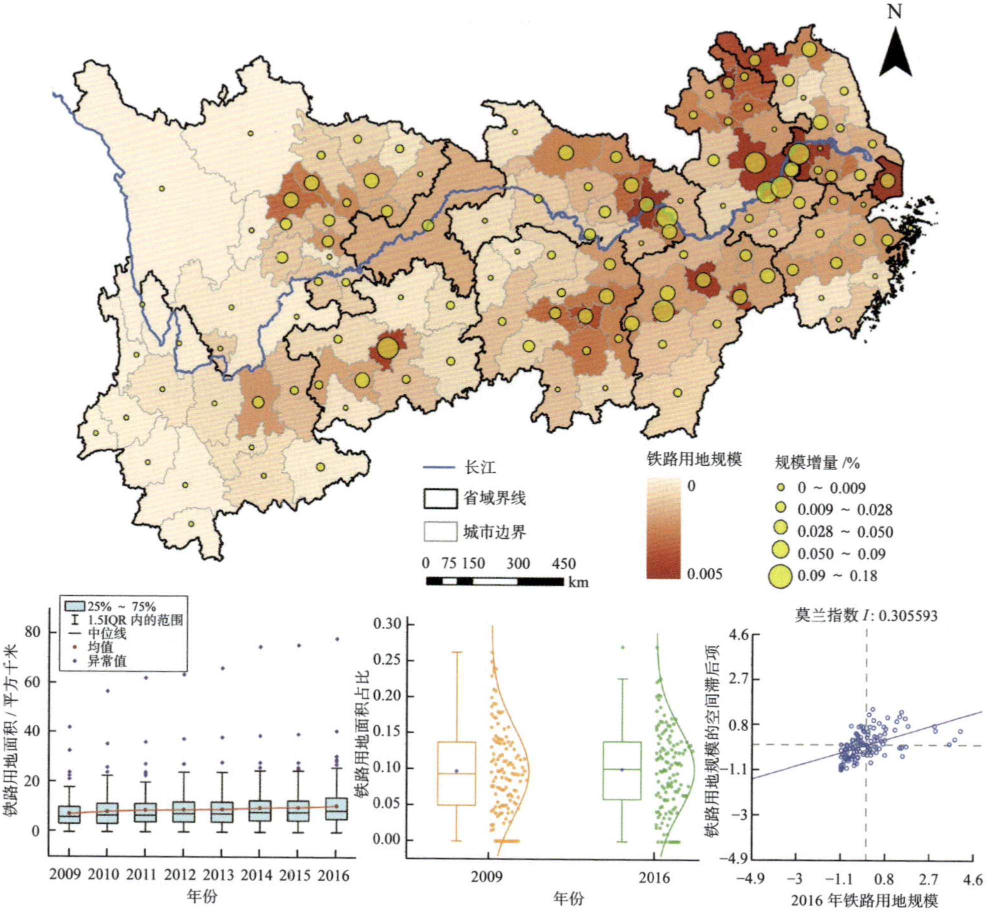

图 4.8 长江经济带各城市铁路用地规模及增量时空特征分布图

从增量的空间特征来看，铁路用地规模增量较高的地区与公路增量较高的地区差异明显，除了部分长江下游城市，规模增量较高的城市主要集中在长江中上游地区。例如，贵阳市、武汉市、萍乡市、南昌市、孝感市等城市。但是，同样是位于上游地区的四川、云南的大部分城市，由于受到经济发展、自然地理条件等多方面限制，铁路用地规模增量较小。2009—2016 年，有 20 个城市的铁路用地规模增量为 0。其中，有 11 个城市属于长江上游，3 个城市属于长江中游，6 个城市属于长江下游。长江上游和下游城市铁路用地增量为 0 的原因截然不同，上游城市铁路用地规模增量较低的原因，主要是受其自身基底条件和基础设施建设资金投入的限制；而下游城市铁路用地规模增量较低，主要是受其自身交通运输需求量和运输主导模式的影响。

从 2009 年和 2016 年铁路用地面积和规模的变化对比来看，长江经济带铁路用地面积逐年增长，平均规模略有上升，且城市间铁路用地规模的异质性在减弱，反映出近年来长江经济带铁路交通基础设施建设在不断推进，且城市间的铁路网络连通性更强。从空间特征聚集特征来看，长江经济带铁路用地规模呈现正向空间自相关，莫兰指数超过 0.30。这表明，长江经济带铁路用地规模空间集聚特征明显，铁路用地规模高的城市往往其周边城市用地规模也相对较高。

4.3.3 港口码头用地时空变化分析

由于水路运输对自然区位的依赖，因而港口码头用地面积较高的城市主要沿海、沿江、沿河分布，空间上整体呈现“T 型”分布（图 4.9）。港口码头用地面积较大的城市主要为长江主干线上的省会级城市和直辖市，以及东部沿海城市。舟山市和上海市是长江经济带港口码头用地最大的两个城市，2016 年的面积分别为 3.1 平方千米、3 平方千米。宁波舟山港和上海港拥有成为世界大港的天然区位优势，是我国沿海的两个主要枢纽港，也是我国货物吞吐量最高的两个港。长江中上游城市中，重庆市的港口码头用地面积最大。重庆港是长江上游最大的内河主枢纽港，在全国所有内河港口的货物吞吐量中排名前五。值得注意的是，云南省的文山壮族苗族自治州港口码头用地面积相较于长江上游的其他城市（除省会和直辖市）要高。这主要是因为文山州的富宁港是被国家交通部列为近期建设的 16 个港口之一，是云南东向珠三角地区开放的唯一一个水运港口。其既是云南向东通江达海、直抵粤港的重要枢纽港，又是连接中国与东盟各国以及中西部之间最直接的重要纽带港口。

就增量而言，由于港口码头用地的扩张受到其自身地理位置、基础条件的

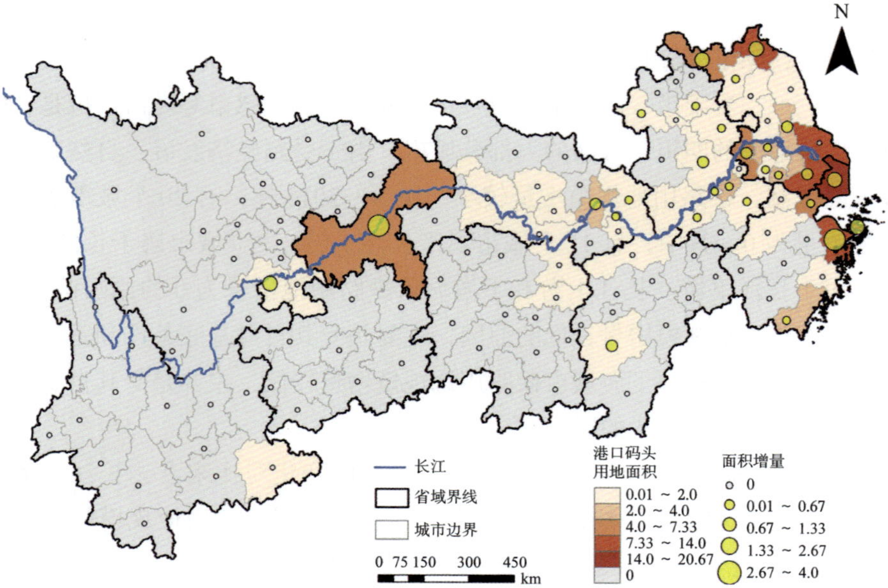

图 4.9　长江经济带各城市港口码头用地现状分布图（2016 年）

影响较大，因而大多数城市的港口码头用地在 2009—2016 年间保持不变，个别有明显增长的城市同港口码头用地面积较大的城市基本一致。例如，港口码头用地面积增量较为明显的重庆市，为进一步提升长江黄金水道服务能力，在“十二五”期间将沿长江干线规划建设九大枢纽型港口项目；宁波—舟山港作为我国货物吞吐量最大的港口，港口规模在近年来也在不断扩张，港口码头用地面积增量显著；而徐州港在“十二五”以来大力推进多个港区规模化作业区升级和建设，从而导致徐州市港口码头用地增量突出。

4.3.4　机场用地时空变化分析

机场用地面积较大的城市主要是省会城市和直辖市，且主要分布在长江的下游和上游地区（图 4.10）。上海作为国际化的大都市，拥有上海虹桥和上海浦东两大国际机场，机场用地面积在长江经济带城市中排名第一。重庆市机场用地面积仅次于上海市。截至 2016 年，重庆市民用航空建设取得重大进展，并规划有“一大四小”的运输机场格局。重庆市目前通航机场有三个（重庆江北，万州五桥，黔江武陵山），且仍有两个在建机场（重庆巫山，武隆仙女）；此外，川西地区（阿坝藏族羌族自治州和甘孜藏族自治州）机场面积相对较大，由于其地处横断山区，公路铁路等线路交通设施建设较为困难，且旅游资源丰富，机场的建设可以满足旅游业的发展。2016 年，长江经济带机场用地面积为 0 的城市有 50

个，且主要集中在长江中下游地区，这主要是因为长江中下游城市普遍公路铁路发达，机场在经济发展和居民出行中发挥的作用相对较小，且身处周边城市的机场服务辐射范围内。反而是上游城市由于地理条件对公路和铁路建设的限制，机场在拉动经济发展方面发挥举足轻重的作用。

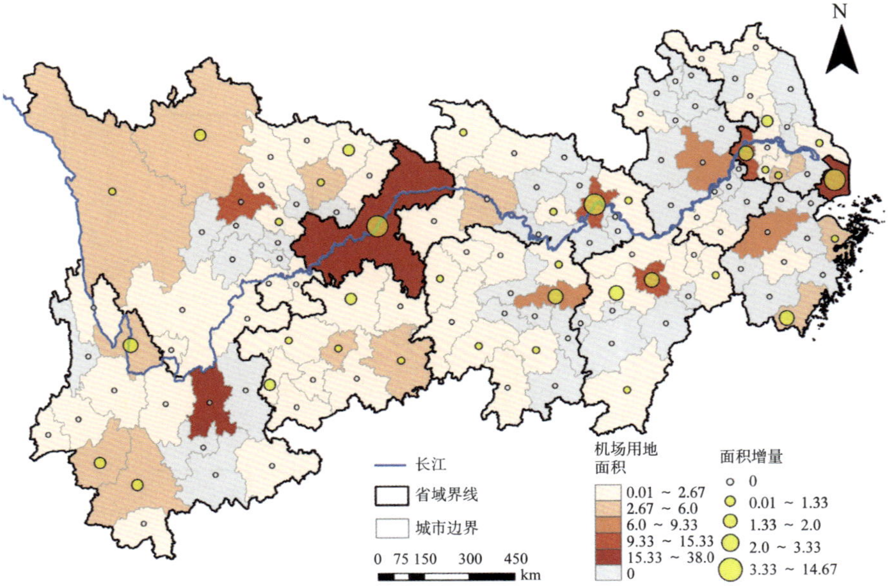

图 4.10　长江经济带各城市机场用地增量分布图

就增量而言，2009—2016 年，长江经济带已经拥有机场的城市普遍都在原有机场上进行了扩建，且少数城市实现了机场从无到有的变化。如：宜春市的明月山机场于 2009 年开始建设，并于 2013 年正式建成通航；巴中市的恩阳机场于 2013 年完成选址。重庆、上海、南京等直辖市和省会城市机场用地的增量相对较大，可见机场用地的扩张一般与城市的经济发展水平、人口聚集程度、城市政治地位有很大的关系。值得注意的是，丽江市虽然不是省会城市，但丰富的旅游资源刺激了该城市机场的扩建。丽江三义国际机场经历了三次扩建，改扩建后等级由 4C 级提升至 4D 级。该工程是云南省人民政府“十一五”期间的重点建设项目。

4.3.5　长江经济带交通运输用地结构对比分析

就长江经济带城市交通运输用地各类型占比情况来看，公路用地在长江经济带交通运输用地中占绝对主导，城市公路用地面积平均占比超过 80%，且多数城市的公路用地占比集中在 0.8 ~ 1.0 的区间范围内。可见，公路运输是最为普适的交通运输方式。铁路用地面积平均占比超过 10%，是交通运输部门中的第二大运输方式。而港口码头用地和机场用地平均占比之和低于 10%，且城市间用地占比的差异显著，此二类交通基础设施的建设受城市基底条件和客观需求因素的影响较大（图 4.11）。

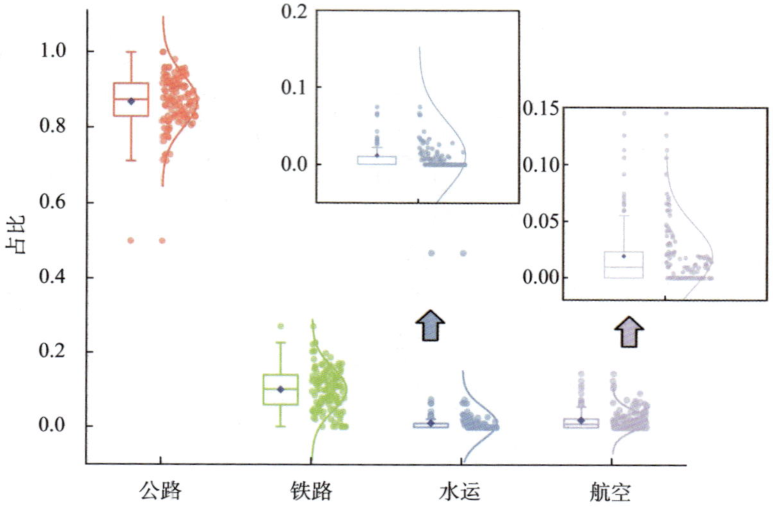

图 4.11　各类交通运输用地面积占比对比图

从城市空间差异来看，公路用地占比超过 90% 的城市主要集中在长江上游和下游地区，长江中游地区城市的铁路用地面积占比相对较高（图 4.12）。机场用地占比较高的城市大致可分为两种类型：一类是经济发展较高的省会级城市（昆明市、南昌市、武汉市、南京市、成都市等）；另一类是海拔高、地形地貌复杂的长江上游城市（丽江市、阿坝藏族羌族自治州、攀枝花市、甘孜藏族自治州、临沧市、张家界市等）。港口码头用地占比较高的城市主要分布在长江下游地区的沿海城市。如舟山市作为长江经济带的沿海港口城市，是长江三角洲地区综合交通网络的重要节点，其公路用地面积占比仅有 50%，港口码头用地占比为 47%，是长江经济带唯一一个水陆交通运输用地占比接近的城市。

4.4　长江经济带交通运输用地效率分析

4.4.1　交通运输用地人口效率分析

本书以单位交通运输用地可以承载的人口数量作为交通运输用地的人口效

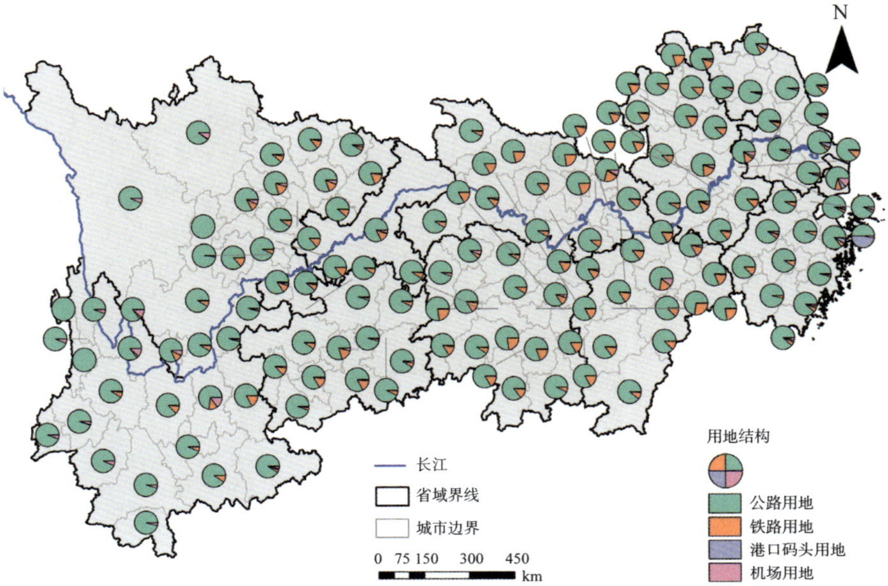

图 4.12　长江经济带城市交通运输用地占比图

率。单位交通运输用地承载的人口越多，说明交通运输用地在人口承载方面更为高效。从 2009—2016 年交通运输用地承载人口数量的时间变化来看，长江经济带交通运输用地的人口承载能力整体呈现缓慢的降低趋势。这表明，近年来长江经济带交通基础设施的建设力度大于整体人口的增速水平，交通基础设施建设更为完备，可以更好地满足人类的生存发展需求，拉动区域内生发展动力。且城市间交通运输用地人口承载能力的异质性没有显著变化。从空间分布来看，交通运输用地人口效率呈现明显的空间集聚特征，莫兰指数 0.46，空间正向自相关显著。单位交通运输用地承载人口多的城市主要集中在长江经济带的三大城市群：长江三角洲城市群、长江中游城市群和成渝城市群。这些城市群内的城市普遍人口集中且交通基础设施日益完备，此类城市在有限的交通运输用地下必须承载更多的人口。其中，三大城市群的核心城市上海市、武汉市和成都市，都拥有极高的交通运输用地人口承载能力，交通用地人口承载能力都在 3 万人 / 千米 ^{2} 以上。值得注意的是，温州市虽然与杭州市人口数量相仿，但温州市的交通运输用地面积仅为杭州市的不足 2/3，这间接表明温州市的交通基础设施还需进一步建设。单位用地承载人口较少的城市主要集中在四川省和云南省，尤其是云南省，除省会城市昆明外，其他城市因人口稀少且市域面积较大导致交通运输用地的人口承载能力普遍处于低水平，承载能力普遍小于 1 万人 / 千米 ^{2}（图 4.13）。

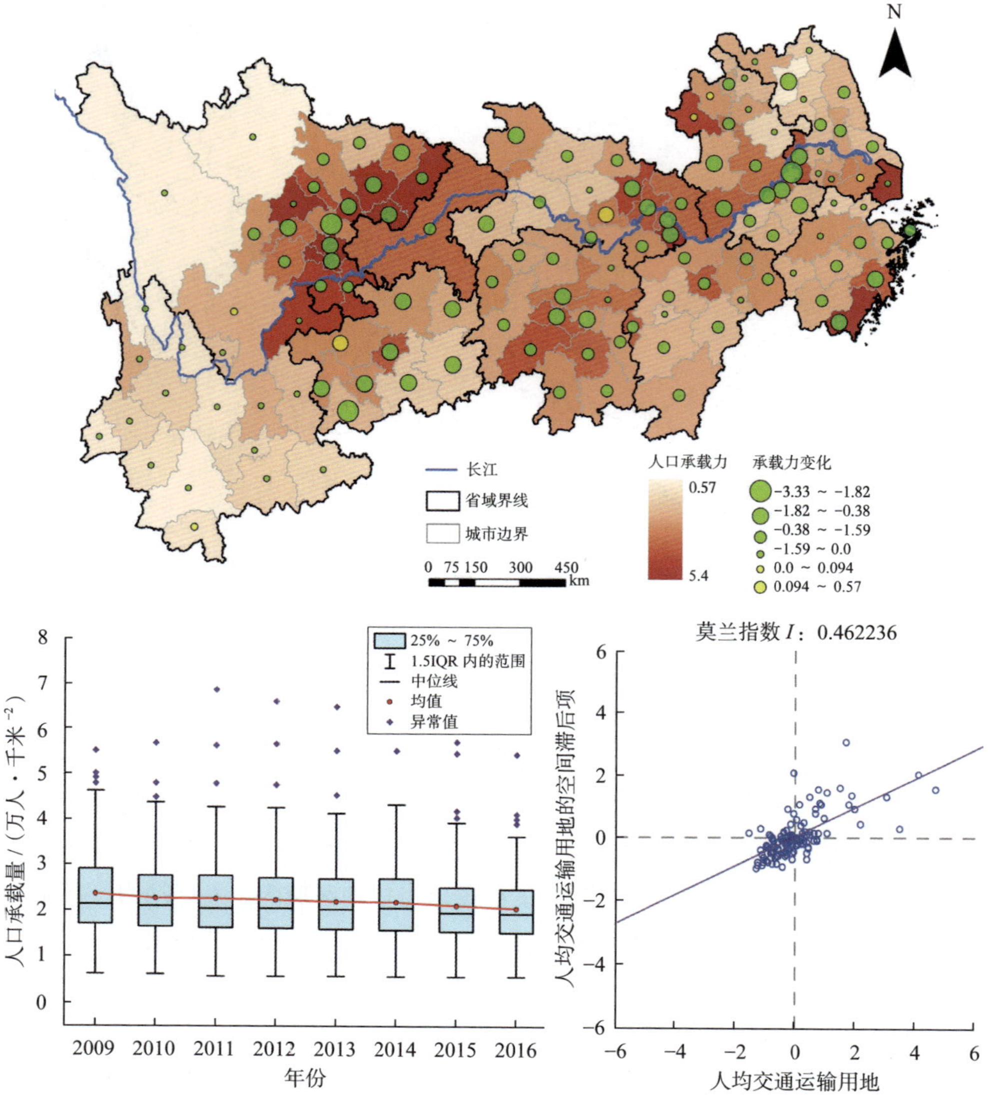

图 4.13　长江经济带地级市人均交通运输用地时空对比图

4.4.2　交通运输用地经济效率分析

本书以单位交通运输用地产出的 GDP 作为交通运输用地的经济效益。单位交通运输用地产出的 GDP 越高，说明交通运输用地在产出 GDP 方面更为高效。从 2009—2016 年单位交通运输用地产出 GDP 的时间变化来看，长江经济带交通运输用地经济效率整体呈现逐年增长趋势，且城市间经济效率的异质性呈逐渐扩大化趋势，表明各市产业发展对交通运输的依赖程度差异逐渐显著（图 4.14）。

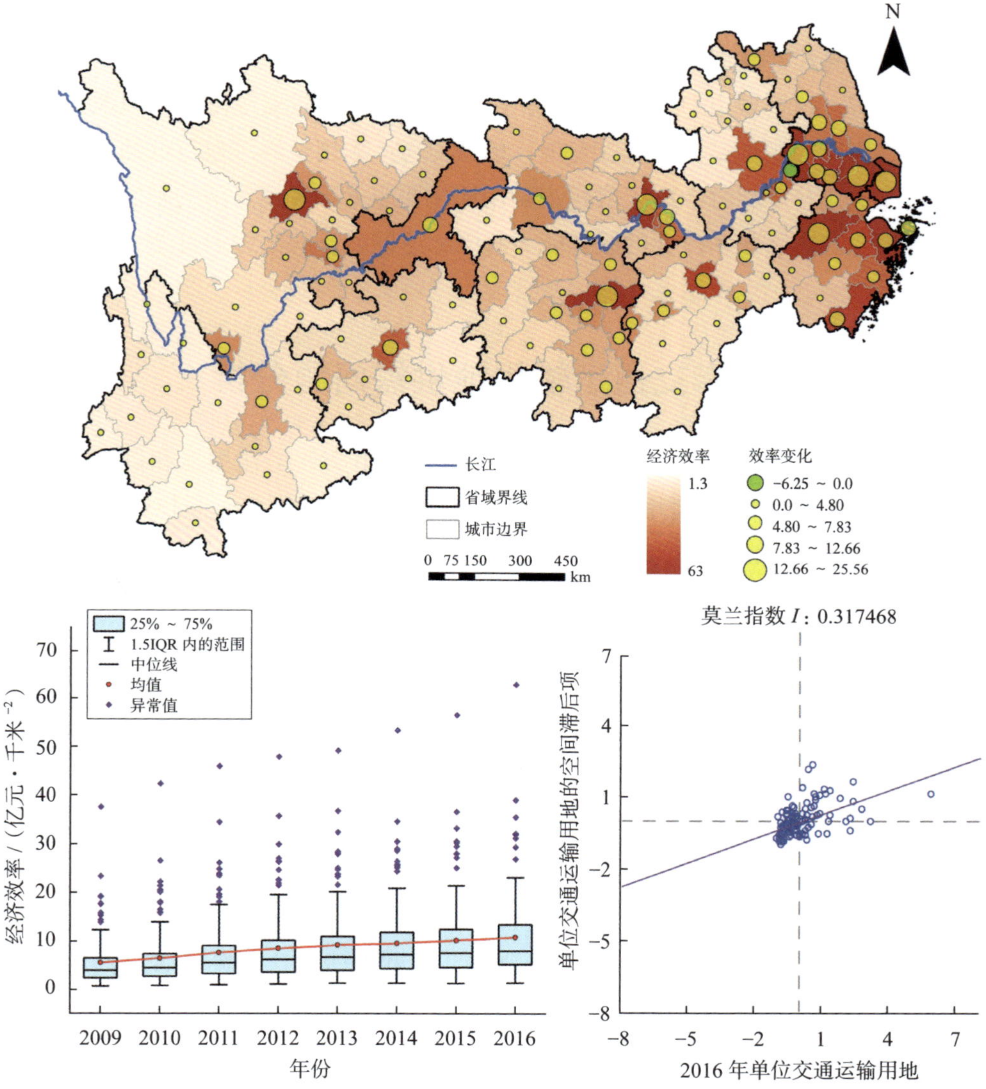

图 4.14　长江经济带地级市单位交通运输用地产出的经济效益示意图

从空间分布来看，交通运输用地经济效益呈现明显的空间集聚特征，莫兰指数 0.32，空间正向自相关显著。从长江经济带单位交通运输用地经济效益的总体空间分布格局来看，呈现三梯度分布，长江下游地区城市单位交通运输用地经济效益普遍较高，中游城市次之，上游城市单位交通运输用地经济效益普遍较低。

此外，经济效益高的城市呈现集群分布，单位交通运输用地经济效益高的城市主要集中在长江三角洲城市群、长江中游城市群和成渝城市群的核心城市以及其他省会级城市。这些城市是国家经济建设的重点，在有限的土地资源禀赋下不断地提升自身经济发展水平。单位交通运输用地经济效益低的城市主要集中在川西和云南省。这些城市地处横断山区，位置偏远，经济发展受限。从川西和云南省各市交通运输用地结构也可以发现，单位交通运输用地经济效益低的城市农村道路用地占比普遍超过 70%，农村道路用地主要服务于乡镇经济的发展，而对城市主导产业和高新技术产业的服务能力有限，这间接反映了为何这些城市经济效益低下。

4.5 长江经济带交通运输用地供需问题分析

依据自然断点分类法，本书将长江经济带各市交通运输用地和供地都分为三类（低—中—高），并将用地规模和供地规模聚类为高用地—高供地（H—H）、高用地—中供地（H—M）、高用地—低供地（H—L）、中用地—高供地（M—H）、中用地—中供地（M—M）、中用地—低供地（M—L）、低用地—中供地（L—M）和低用地—低供地（L—L）。从用地—供地规模聚类图可以发现，长江三角洲地区城市普遍呈现用地规模和供地规模均较高的聚类特征，尤其是长江入海口处的城市（上海市、南京市、南通市、泰州市、嘉兴市和舟山市），表现为供地规模和用地规模双高的聚类特征，此类城市交通网络相对完善且发展速度较快（图 4.15）。而长江经济带高用地 - 低供地的城市仅有三个，且分布在长江下游地区（镇江市、淮安市和亳州市）。此类城市交通基础设施建设基础较好，且由于发展相对于省内其他城市较慢，当前基础设施可以较好满足自身发展需求，因此交通运输用地供应规模也相对较小。相比之下，长江上游地区，除了省会级城市或者经济发展相对较好的城市外，其他城市普遍呈现低用地—低供地和低用地—中供地。这与长江下游地区呈现出鲜明的两极分化，这一方面是因为长江上游地区地理条件限制了交通基础设施的建设；另一方面，也是因为上游地区无论从经济发展水平、人口聚集程度，还是国家基础设施建设投入力度，都与下游地区有显著的差距。长江中游地区多数城市呈现低—低聚类和中—低聚类，且长江中游地区则更像是一个由上游到下游演变的过渡带，各种用地聚类类型均有分布，既有武汉市这样的中—高城市，又有咸宁市这样的双低城市，且长江中游城市群内的城市正在由低用地和低供地向更高等级的用地—供地聚类类型转变。此外，长江上、中、下游地区城市用地—供地聚类空间分布特征相似，用地—供地聚类类型都呈现出逐圈层的递进变化，由外围城市的低—低类型向核心城市的高—高类型过渡。

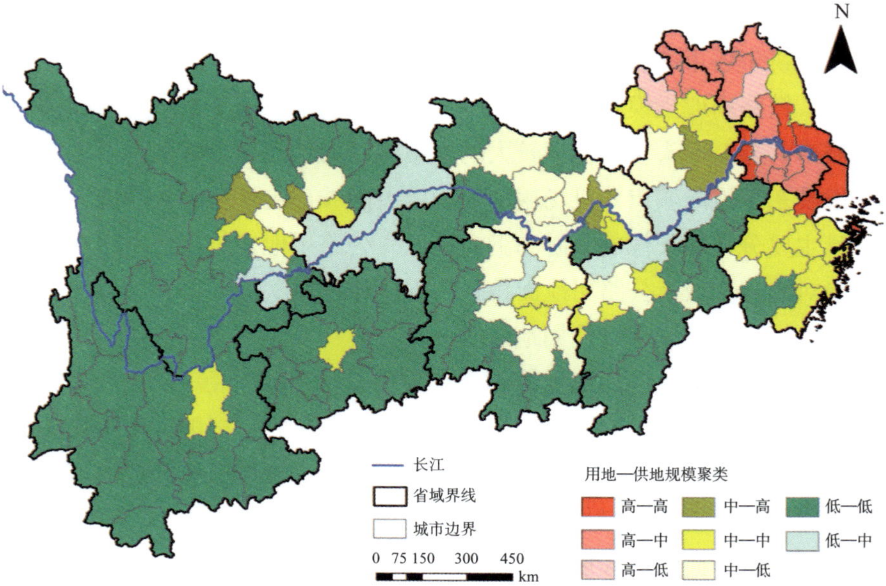

图 4.15　长江经济带各城市交通运输用地供地现状对比图

4.6　小结

本章收集了 2009—2016 年长江经济带 127 个地级行政单位时间序列的交通运输用地现状数据和供地数据，采用数理统计和空间分析的方法，从时间维度和空间维度，按照上中下游、用地类型等统计和表征城市交通运输用地现状水平，总结长江经济带城市交通运输用地的利用与供需特征。通过本章的研究，可以了解长江经济带交通运输用地的利用现状，发现区域间的用地差异，为后续章节进一步开展交通运输用地配置研究提供基础的用地现状认知。总体而言，长江经济带交通运输用地无论在现状、供地、结构和效率上都存在较大差异，呈现出明显的空间分布特征。

（1）长江经济带交通运输用地及供地时空变化特征

本书选取用地面积与行政区面积的比值作为城市间交通运输用地和供地规模对比的指标。用地和供地规模高的城市主要集中在长江下游地区、长江中游城市群和成渝城市群，且此类城市多为省会级城市或者区域经济发展、人口承载的核心城市。选取全局莫兰指数和局部莫兰指数来表征交通运输用地和供地的空间聚类特征。无论是用地还是供地，正向的空间自相关类型（高—高聚类和低—低聚类）在空间上呈“组团”式分布，高—高聚类的城市分布在长江下游地区，而低—低聚类的城市分布在长江中上游地区。

（2）分类型交通运输用地时空变化特征及结构对比

长江经济带各市的公路用地规模总体呈现下游城市 > 中游城市 > 上游城市的空间格局。铁路用地规模较大的城市多为省会级城市，这些城市均为我国铁路重要节点城市。港口码头用地面积较大的城市主要为长江主干线上的直辖市和省会城市，以及东部沿海城市。机场用地面积较大的城市主要是各省的省会城市和直辖市，且主要分布在长江的下游和上游地区。公路用地在长江经济带交通运输用地中占绝对主导，城市公路用地面积平均占比超过 80%。

（3）长江经济带交通运输用地效率

本书从单位交通运输用地承载的人口数量以及产出的经济效益两方面评估长江经济带交通运输用地效率。单位交通运输用地承载人口多的城市主要集中在长江经济带的三大城市群：长江三角洲城市群、长江中游城市群和成渝城市群。这些城市群内的城市普遍人口集中且交通基础设施日益完备。其中，三大城市群的核心城市上海市、武汉市和成都市都拥有极高的交通运输用地人口承载能力，交通运输用地人口承载能力都在 3 万人 / 千米^2 以上。经济效益的总体空间格局呈现三梯度分布，长江下游地区城市单位交通运输用地经济效益普遍较高，中游城市次之、上游城市单位交通运输用地经济效益普遍较低。

（4）长江经济带交通运输用地和供地聚类特征

长江三角洲地区城市普遍呈现用地规模和供地规模均较高的聚类特征。长江上游地区，除了省会级城市或者经济发展相对较好的城市外，其他城市普遍呈现低用地—低供地和低用地—中供地，这与长江下游地区呈现出鲜明的两极分化。长江中游地区，多数城市呈现低—低聚类和中—低聚类，且中游地区则更像是一个由上游到下游演变的过渡带，各种用地聚类类型均有分布，既有武汉市这样的中—高城市，又有咸宁市这样的双低城市。此外，长江上、中、下游地区城市用地—供地聚类空间分布特征相似，用地—供地聚类类型都呈现出逐圈层的递进变化，由外围城市的低—低类型向核心城市的高—高类型过渡。

5　长江经济带交通运输用地配置内部性因素研究

在开展区域尺度交通运输用地优化配置研究过程中，应明确产生交通运输用地需求差异的内部性因素，探索内部性因素对交通运输用地配置的影响机理，并将其作为交通运输用地配置的重要考虑环节。交通运输用地的重要特性，就是通过服务其他产业的发展来体现自身的经济价值。而城市主导产业和战略新兴产业作为城市稳定、持续、健康发展的内生动力，由其决定的交通依赖性和主导性差异则是影响交通运输用地配置的重要内部性因素，即本书将城市主导产业发展对交通运输用地配置的影响视为内部性因素。城市主导产业和战略新兴产业是地方经济发展的支柱和未来产业发展的方向，产业类型和产业规模直接影响着城市对交通运输部门的偏好和需求，因而区域内不同城市产业类型和规模的差异直接影响到区域交通运输用地配置的时间、空间和类型差异。基于对内部性要素内涵的阐述，本章从主导产业发展对交通运输用地需求的内在机制研究入手，通过主导产业的确定来评估区域内不同城市的交通依赖性和主导性，并将其作为后续制定区域交通运输用地优化配置决策方案的重要构成。

5.1　主导产业发展影响交通运输用地需求的内在机制

交通运输用地供需与产业发展之间内在作用关系的验证，是本研究开展交通运输用地配置内部性因素研究的基础。交通运输用地配置，既能作用于城市产业的发展，也能被城市的产业发展方向和潜力所影响，二者间存在相互影响、彼此促进的正向关系[196]。从产业发展的视角来看，产业规模的不断扩张和产业结构的不断完善刺激了国民经济的发展，进而带动了交通运输需求的提升。为了满足交通运输需求，交通运输用地的供应面积增加，在获得相应配套土地的基础上通过吸引交通基础设施的投资带动交通基础设施的建设和升级，从而促进城市 / 区域交通运输体系的发展。交通运输体系的发展，一方面降低了物资流通过程产生的运输成本，导致产业集聚效应加强；另一方面，提高了交通可达性，区域开放程度扩大，城市间的联系强度增强，区域间的物资流通和人口流动更为频繁，加速了城市间劳动、技术、资本等生产要素的沟通和融合（图 5.1）。

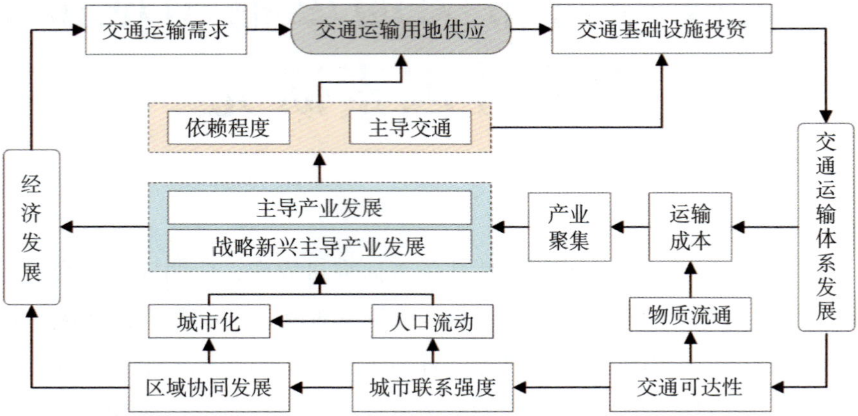

图 5.1　产业发展与交通运输用地配置内在作用机制示意图

城市间物资流通和人口流动能力的提升，正向反馈于城市产业发展。物资流通的增强意味着城市间经济联系更为紧密，城市间的协同发展刺激了投资规模的进一步扩大，进而推动了主导产业和战略新兴产业的发展，对国民经济产生正向响应。人口的流动，主要从两个方面作用于产业发展：一方面，交通基础设施的完善刺激了农村人口向城镇地区的转移，城市化率的提高带动了城市二、三产业就业人员的增加，进而对城市的主导产业发展带来正向影响；另一方面，交通基础设施的完善带来人口的跨城市流动，通过劳动力的转移来拓展城市之间联络与合作的范围和深度。配第—克拉克定律指出，随着社会经济的发展，劳动这一生产要素的增加会刺激城市主导产业的进一步发展。此外，城市的产业主导类型、产业发展方向（战略新兴产业），既影响着城市对交通基础设施的需求，也影响着城市对不同类型交通基础设施的依赖性，进而决定了区域交通运输用地配置的时空重点和类型。因此，城市主导产业和战略新兴产业发展，是进行交通运输用地优化配置过程中必须要考虑的关键因素，其决定了城市发展的方向和潜力，也是实现区域协同发展的重要路径。

5.2　交通运输需求与产业发展作用关系的定量分析

5.2.1　指标选取与数据说明

本书选取了交通运输用地面积和交通运输、仓储和邮政业固定资产投资来反映交通基础设施的建设投入情况。交通运输用地面积的变化可以反映我国在土地供应上的投入力度，而交通运输行业固定资产投资可以反映我国在交通基础设施建设上的经济投入规模。由于我国绝大多数城市的主导产业为二、三产业，因此，选取二、三产业产值作为表征产业发展水平的指标。

5.2.2 交通运输需求与产业发展之间的相关关系分析

本书选取全国 2009—2016 的时间序列数据，分别分析二、三产业产值数据与交通运输、仓储和邮政业固定资产投资数据间的相关关系，以及二、三产业产值数据与交通运输用地面积数据间的相关关系。首先，本研究将二、三产业产值的增长趋势分别与交通基础设施投资的增长趋势和交通运输用地面积的增长趋势进行对比，发现它们之间的增长趋势基本吻合；尤其是交通运输用地面积增长趋势与二、三产业产值增长趋势吻合程度极高（图 5.2）。这就让本研究对交通基础设施建设与产业发展水平之间的关系有了初步的判定，即二者之间存在正向影响的可能。之后，通过图 5.3 可以发现，表征产业发展水平的指标与表征交通基础设施建设水平的指标存在明显的线性相关关系，相关系数 R^2 均超过 0.85，这

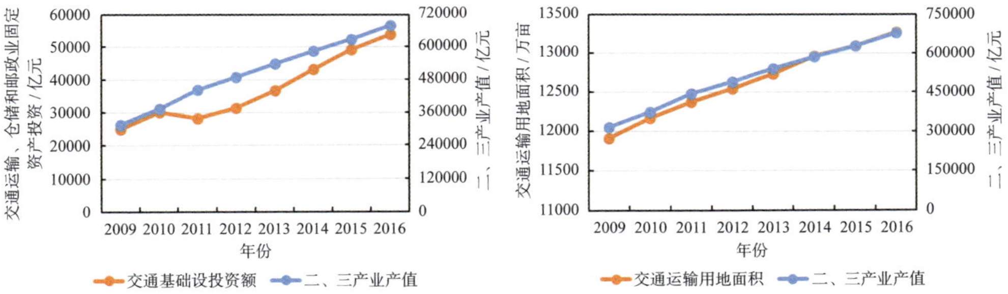

(a) 投资与产业发展　　(b) 用地与产业发展

图 5.2　交通基础设施建设投入和二、三产业产值增长趋势对比图

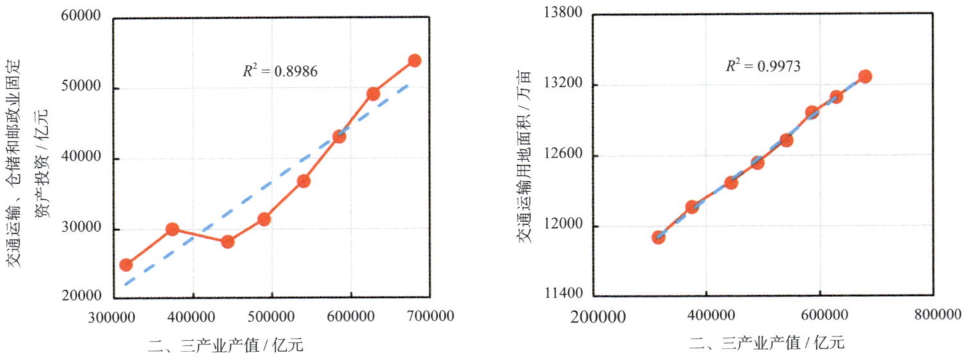

(a) 投资与产业发展　　(b) 用地与产业发展

图 5.3　交通基础设施建设投入与产业发展间相关关系图

表明无论是交通运输行业固定资产投入规模的增长，还是交通运输用地面积的增长，都会伴随着二、三产业产值的增长。因此，本书初步判断交通基础设施的建设投入对二、三产业的发展起到正向促进作用。

5.2.3 模型构建

基于已有研究以及图 5.3 得到的初步结论：交通基础设施建设和产业经济发展间存在明显的线性相关关系。本研究以长江经济带 11 个省 / 市八年的面板数据为基础，建立交通建设与产业发展间的一元线性回归模型，进一步验证交通基础设施建设对产业发展水平的影响。建立模型如下：

$$I = f(T,\ Z) \tag{5.1}$$

式中：T 表示交通基础设施建设投入相关指标；I 表示产业发展指标；Z 表示其他可能影响到产业的因素。

由于本书的主要目的是为了探索交通基础设施建设与产业发展之间的作用关系，因此该模型不考虑其他因素的影响。将公式（5.1）取对数，得到回归模型如下：

$$\ln I_{it} = \alpha_i + \beta_{1t} \ln T_{it} + \varepsilon_{it} \tag{5.2}$$

式中：i 表示样本省 / 市（$i = 1, 2, 3 \cdots 11$）；t 表示研究期（$t = 2009, 2010, 2011, 2012, 2013, 2014, 2015, 2016$）；$\alpha_i$ 表示截距；I_{it} 表示第 i 个省 / 市 t 年的产业发展指标；T_{it} 表示第 i 个省 / 市 t 年的交通基础设施建设投入相关指标；β_{1t} 表示 $\ln T_{it}$ 的估计参数；ε_{it} 表示随机误差。具体来说，包括以下两个模型：

$$\ln I_{it} = \alpha_i + \beta_{1t} \ln TF_{it} + \varepsilon_{it} \tag{5.3}$$

$$\ln I_{it} = \alpha_i + \beta_{1t} \ln TA_{it} + \varepsilon_{it} \tag{5.4}$$

式中：TF_{it} 和 TA_{it} 分别表示第 i 个省 / 市第 t 年的交通运输、仓储和邮政业固定资产投资额和单位城市面积内覆盖的交通运输用地面积；I_{it} 表示第 i 个省 / 市第 t 年的二、三产业产值。

5.2.4 模型回归分析

根据 5.2.3 节构建的模型，运用面板最小二乘法（Panel Least Squares），对 2009—2016 年长江经济带 11 个省市的交通基础设施建设指标与产业发展指标进行一元线性回归分析，得到以下回归结果（表 5.1，表 5.2）。从结果可以发现，无论是交通运输行业固定资产的投入规模还是交通运输用地的面积规模，都与产业发展水平之间呈现正向的线性关系，且都在 1% 的水平上显著，即交通基础设施的建设水平直接影响产业发展水平，且作用明显。这也进一步验证了 5.2.2 节交通基础设施建设与产业发展之间的相关关系分析的结果。因此，主导产业的发展是区域交通运输用地的优化配置必须考虑的环节之一。

表 5.1　ln$I$ 与 lnTF 的模型回归结果

	回归系数	t 统计量
C	5.562663	5.422670
lnTF	0.605636	4.167506
R^2	0.168022	
调整后的 R^2	0.158348	
DW	0.130036	
回归方程	$\ln I_{it} = 0.605636\ln TF_{it} + 5.562663$	

表 5.2　ln$I$ 与 lnTA 的模型回归结果

	回归系数	t 统计量
C	13.06646	26.72242
lnTA	0.797942	6.716882
R^2	0.344095	
调整后的 R^2	0.336468	
DW	0.414784	
回归方程	$\ln I_{it} = 0.797942\ln TA_{it} + 13.06646$	

5.3　长江经济带主导产业的确定

5.3.1　长江经济带主导产业筛选原则

主导产业是指在国民经济发展各个阶段中，能够引领并通过前后向或旁侧联系来推动整个经济发展的重要产业。主导产业对其他产业和区域经济发展具有强大的带动作用，可以优化区域经济的产业结构，促进区域经济的协调可持续发展 [197]。从量的角度来看，主导产业是当前或者未来在区域内国民生产总值或国民收入占比较高的产业；从质的角度来看，主导产业的发展影响着区域经济发展速度、质量和潜力。主导产业普遍具备区域性、扩散性、阶段性、连续性和多层次性等特点。基于主导产业的内涵和特点，长江经济带发展的战略定位和战略要求，长江经济带主导产业的筛选应该着重考虑以下几点。

（1）生态优先，绿色发展

依照《长江经济带发展规划纲要》关于“生态优先、绿色发展，共抓大保护，不搞大开发”的战略定位，产业发展的生态影响是主导产业遴选时需要首要考虑的因素。

（2）聚焦产业规模，放眼国际影响

长江经济带主导产业的选择必须充分考虑流域内现有产业在国内外市场的规模优势，聚焦优势产业，打造国内外知名企业和品牌，发挥流域协同合作能力，带动产业集群发展。

（3）体现流域特色

依托长江这个黄金水道，许多特色产业应水而生。因此，长江经济带主导产业的筛选必须考虑如何充分发挥流域特色，将区位优势融入产业发展之中。

（4）产业全口径，数据可获得

主导产业的遴选应该包含第一、第二和第三产业，这样才能体现一个区域产业结构的完整性和合理性，且为了后续的分析需要，细分产业数据的可获取性也应考虑在内。

5.3.2 长江经济带主导产业遴选指标的确定

由于第二产业的行业细分最多，本书重点开展对第二产业主导产业的遴选研究。参考已有研究[198, 199]，本书选取市场规模、优势产业、空间聚集度、产业关联度、人员效益、资本效益、国际化程度、品牌竞争力和科技进步贡献九项因素（表 5.3），对长江经济带第二产业三个行业门类包含 41 个行业大类进行主导产业的遴选（表 5.4）。

其中，本书以区位商来反映区域内的优势产业。计算公式如下：

$$LQ=\frac{q_i/q}{Q_i/Q} \tag{5.5}$$

式中：q_i 表示区域内产业 i 的产值；q 表示区域内总产值；Q_i 表示全国产业 i 的产值；Q 表示全国总产值。

区位商大于 1，可以认为该产业是区域内的优势产业。区位商越大，表明该产业在区域内的发展优势越明显。

以行业空间基尼系数表征区域内各产业的空间集聚度。计算公式如下：

$$G=\sum(S_i-X_i)^2 \tag{5.6}$$

式中：G 为行业空间基尼系数；S_i 为 i 地区某行业就业人数占全国该行业就业人数的比例；X_i 为该地区就业人数占全国总就业人数的比例。

行业空间基尼系数越大，表明该行业在区域内的空间聚集程度更高，呈现出集群式发展。

此外，本书通过计算产业部门间的灰色关联度量化产业之间的相互关联程度；以区域行业全员劳动生产率 / 全国平均劳动生产率作为度量区域产业人员效益的关键指标。其中，行业全员劳动生产率是通过区域行业增加值 / 区域行业从业人员平均数计算而来；以总资本贡献率作为表征产业资本效益的关键指标。总资本贡献率通过（利润总额 + 税金总额 + 利息支出）/ 平均资产总额计算而来；以外资依存度表征企业行业对外资的依赖程度，即外商资本（包括港澳台投资）/ 行业企业总资本；根据《财富》杂志 2016 年发布的世界 500 强企业名单，确定了长江经济带世界 500 强企业名单；根据世界品牌实验室 2016 年发布的世界 500 强品牌名单，确定了长江经济带世界 500 强品牌名单；以 R&D 经费占行业产值比例，表征产业的科技进步贡献。

表 5.3 长江经济带主导产业遴选依据

影响因素	量化方法
市场规模	行业产值占全国比例
优势产业	区位商
空间聚集度	空间基尼系数
产业关联度	灰色关联度
人员效益	行业全员劳动生产率 / 全国平均
资本效益	总资本贡献率
国际化程度	外资依存度
	全球 500 强企业数
品牌竞争力	世界 500 强品牌数
科技进步贡献	R&D 经费占行业产值比例

表 5.4 第二产业行业分类表

行业门类	行业大类
采矿业	煤炭开采和洗选业（CM），石油和天然气开采业（OG），黑色金属矿采选业（FI），有色金属矿采选业（NI），非金属矿采选业（NM），开采辅助活动（MS），其他采矿业（OO）
制造业	农副食品加工业（AS），食品制造业（FO），酒、饮料和精制茶制造业（LB），烟草制品业（TP），纺织业（TI），纺织服装、服饰业（TA），皮革、毛皮、羽毛及其制品和制鞋业（LF），木材加工和木、竹、藤、棕、草制品业（WP），家具制造业（FM），造纸和纸制品业（PP），印刷和记录媒介复制业（PR），文教、工美、体育和娱乐用品制造业（CE），石油加工、炼焦和核燃料加工业（PI），化学原料和化学制品制造业（CR），医药制造业（MM），化学纤维制造业（CF），橡胶和塑料制品业（RP），非金属矿物制品业（NP），黑色金属冶炼和压延加工业（FD），有色金属冶炼和压延加工业（NF），金属制品业（MP），通用设备制造业（GE），专用设备制造业（SE），汽车制造业（AM），铁路、船舶、航空航天和其他运输设备制造业（RS），电气机械和器材制造业（EM），计算机、通信和其他电子设备制造业（CC），仪器仪表制造业（IM），其他制造业（OM），废弃资源综合利用业（WR），金属制品、机械和设备修理业（MR）
电力、热力、燃气及水生产和供应业	电力、热力生产和供应业（EH），燃气生产和供应业（GP），水的生产和供应业（WS）

5.3.3 长江经济带主导产业的确定

综合 2016 年 41 个工业行业的相关数据，通过对各指标值标准化处理并等权相加得到各行业的综合得分排名。由图 5.4 可得，在 41 个工业行业中，总得分排序 1 至 20 的行业依次为：电气机械和器材制造业，酒、饮料和精制茶制造业，计算机、通信和其他电子设备制造业，汽车制造业，仪器仪表制造业，化学纤维制造业，通用设备制造业，化学原料和化学制品制造业，专用设备制造业，纺织服装、服饰业，烟草制品业，石油加工、炼焦和核燃料加工业，铁路、船舶、航空航天和其他运输设备制造业，纺织业，其他制造业，医药制造业，文教、工美、体育和娱乐用品制造业，印刷和记录媒介复制业，非金属矿采选业，有色金属冶炼和压延加工业。其中，酒、饮料和精制茶制造业，化学纤维制造业，化学原料和化学制品制造业，烟草制品业和石油加工，炼焦和核燃料加工业，虽然综合排名靠前，但从长江经济带生态优先、绿色发展的战略定位来看，这些产业不符合长江经济带未来的战略发展方向，因此不宜将这些产业纳入主导产业的筛选范畴。

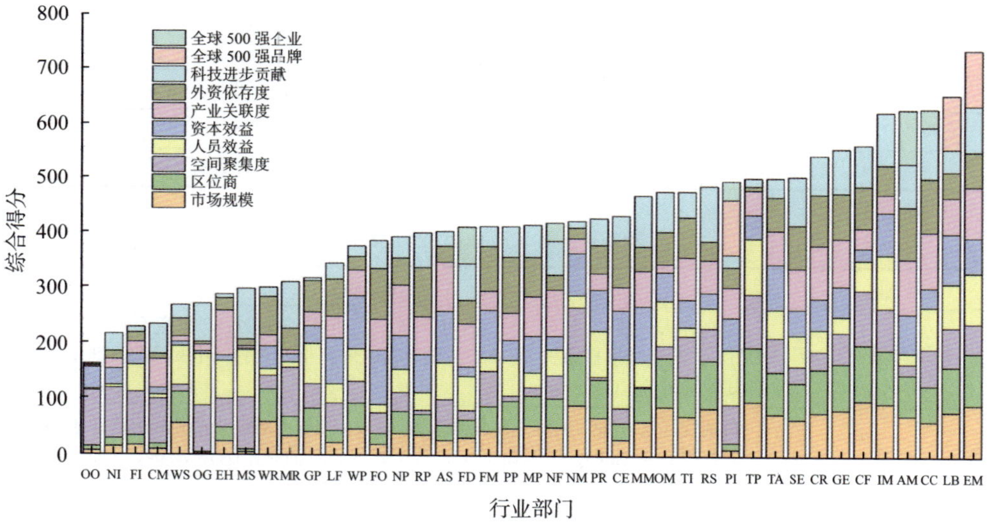

图 5.4　长江经济带 41 个工业行业综合得分排名

在此基础上，结合我国各部委联合提出的在长江经济带培育电子信息、高端装备、汽车、家电和纺织服装五大世界级产业集群，以及培育生物医药、研发设计服务、检验检测服务、软件和信息技术服务、新材料产业、现代物流、现代金融服务、节能环保、新能源装备、航空航天十大新兴产业集群，并综合考虑本书对长江经济带各行业部门的综合评价结果，本书选取电气机械和器材制造业，计算机、通信和其他电子设备制造业，汽车制造业，仪器仪表制造业，通用设备制造业，专用设备制造业，纺织服装、服饰业，铁路、船舶、航空航天和其他运输设备制造业，医药制造业，电力、热力的生产和供应业和水的生产和供应业 11 个综合优势较高且契合长江经济带产业战略发展方向的行业，作为长江经济带工业行业的主导产业。值得注意的是，电力、热力的生产和供应业、水的生产和供应业，虽然在 41 个工业行业中综合排名不高，但考虑到长江经济带水能资源丰富，且水资源的开发利用是该区域的地域特色，产业发展优势明显。因此，本书选取电力、热力的生产和供应业、水的生产和供应业作为长江经济带的优势主导产业。

此外，依照产业全口径和数据可获得的原则，本书选取农林牧渔产品和服务业作为长江经济带内第一产业下的主导产业。选取交通运输、仓储和邮政业、（互联网）金融业、批发零售业、住宿和餐饮业作为长江经济带内第三产业下的主导产业。值得注意的是，虽然房地产业一直以来是我国的支柱产业，但由于我国各地房地产业正处于去库存的关键时期，因此将房地产业确定为主导产业有违可持续发展的筛选原则。

综上，本书根据主导产业遴选原则以及综合得分情况，从 48 个行业中筛选出 16 个行业，行业涉及一、二、三产业，分别是：农林牧渔产品和服务业，电气机械和器材制造业，计算机、通信和其他电子设备制造业，汽车制造业，仪器仪表制造业，通用设备制造业，专用设备制造业，纺织服装、服饰业，铁路、船舶、航空航天和其他运输设备制造业，医药制造业，电力、热力的生产和供应业，水的生产和供应业，交通运输、仓储和邮政业，（互联网）金融业，批发零售业，住宿和餐饮业。

5.4 长江经济带各城市交通依赖性分析

5.4.1 城市交通依赖性评估思路

众所周知，各部门的生产过程中都需要有交通运输的投入。但是，每个部门对交通运输投入在数量、质量和结构上的要求是各不相同的，这也是探究不同主导产业对交通运输部门依赖程度的基本出发点。基于 5.1 和 5.2 节的研究，城市主导产业的规模和发展方向极大程度影响着城市对交通运输行业的依赖性，进而影响着城市交通基础设施的建设需求。本书在确定长江经济带城市产业发展重点和方向的基础上，通过城市主导产业的确定，应用投入产出的思想确定不同主导产业部门与交通运输业之间的相互依存关系。基于我国最新发布的投入产出表，通过对投入产出表行业部门的合并和分解，对比交通运输业在不同主导产业的投入产出情况，以此来确定各主导产业对交通运输行业的相互作用关系。由于城市主导产业往往不止一个，通过综合各主导产业在城市国民经济总产值 / 增加值的份额大小，以及各主导产业交通依赖度，获得城市综合交通依赖度（图 5.5）。

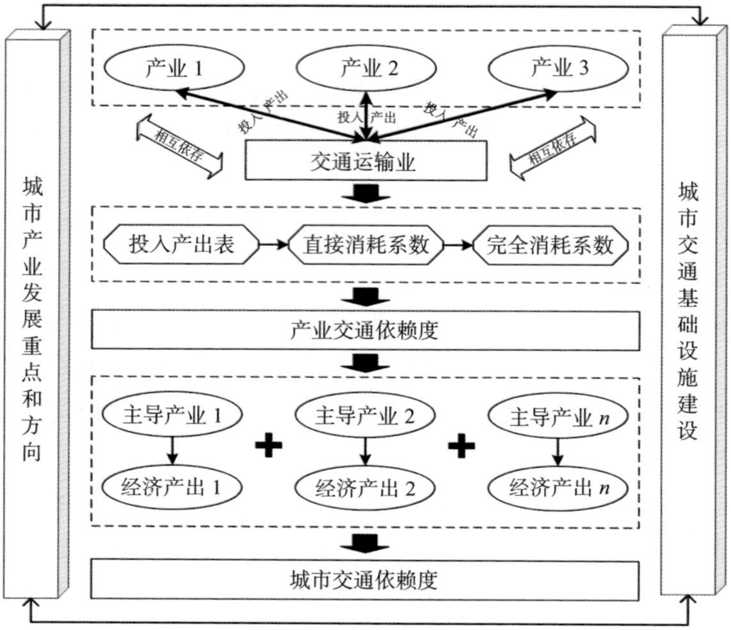

图 5.5　城市交通依赖性评估思路

5.4.1.1　产业对交通运输部门依赖性的判定

本书借鉴经济学家 W. Leontief 提出的投入产出模型 [200]，通过线性代数的理论和方法，对经济系统中各部门间的相互联系水平开展定量研究。投入产出模型的基本原理如下：

假设一个经济系统有 n 个部门：部门 1，部门 2，……，部门 n，且规定：①部门 i 只产出一种产品，且不同部门间产出的产品是不可替换的，即一个部门对应一种产品的产出；②在部门开展经济活动时，部门 i 将产出投入到部门 j，即部门 j 消耗部门 i 产品，且部门 i 的投入和产出间成正比。基于投入产出模型的基本原理，可以引入直接消耗系数和完全消耗系数来反映部门间的相互联系水平。

投入产出中的直接消耗系数可以反映各部门单位产出所需的运输直接投入，而完全消耗系数可以反映出各部门单位产出所需要的直接和间接运输投入。完全消耗系数揭示了行业部门之间的直接和间接联系，相较于直接消耗系数，它更全面深刻地反映了行业部门之间的相互依存关系。因此，本书认为，行业部门对交通运输部门的完全消耗系数越高，行业部门对交通运输部门的依赖程度越强。根据投入产出的基本原理，完全消耗系数的计算过程如下。

确定价值型投入产出表基本框架：

在价值型投入产出模型中，经济系统中各部门的投入和产出都是以货币为单位进行计量。投入产出表的主栏包括中间投入、初始投入和总投入三部分，宾栏包括中间产出、最终产出和总产出三部分（表 5.5）。主栏部门作为投入者向宾栏部门提供产品，而宾栏部门作为购买者消费主栏部门的产品。其中 n 为行业部门数量，x_i 为部门 i 的产出；y_i 为部门 i 的最终产出；x_{ij} 为部门 i 对各部门 j 的投入；m_j 为部门 j 的纯收入；V_j 为部门 j 的劳动报酬；z_j 为部门 j 的新创造价值。

表 5.5　价值型投入产出表基本框架

产出 投入		中间产出					最终产出	总产出
		部门 1	部门 2	…	部门 n	合计		
中间投入	部门 1	x_{11}	x_{12}	…	x_{1n}		y_1	x_1
	部门 2	x_{21}	x_{22}	…	x_{2n}		y_2	x_2
	…	…	…	…	…	…	…	…
	部门 n	x_{n1}	x_{n2}	…	x_{nn}		y_n	x_n
	合计	$\sum_{i=1}^{n} x_{i1}$	$\sum_{i=1}^{n} x_{i2}$	…	$\sum_{i=1}^{n} x_{in}$	$\sum_{i=1}^{n}\sum_{j=1}^{n} x_{ij}$	$\sum_{i=1}^{n} y_i$	$\sum_{i=1}^{n} x_i$
初始投入	纯收入	m_1	m_2	…	m_n	$\sum_{j=1}^{n} m_j$		
	劳动报酬	V_1	V_2	…	V_n	$\sum_{j=1}^{n} V_j$		
	合计	z_1	z_2	…	z_n	$\sum_{j=1}^{n} z_j$		
总投入		x_1	x_2	…	x_n	$\sum_{j=1}^{n} x_j$		

根据投入产出表基本框架，可得产品分配平衡方程组：

$$x_i = x_i + \sum_{j=i}^{n} x_{ij} \qquad i,\ j = 1,\ 2,\ \cdots,\ n \tag{5.7}$$

引入直接消耗系数：

$$a_{ii} = \frac{x_{ij}}{x_j} \qquad i,\ j = 1,\ 2,\ \cdots,\ n \tag{5.8}$$

将公式 5.7 带入公式 5.8 得到公式 5.9：

$$x_i = y_i + \sum_{j=i}^{n} a_{ij} x_j \qquad i,\ j = 1,\ 2,\ \cdots,\ n \tag{5.9}$$

将公式 5.9 展开，并以方程组的形式表征：

$$\begin{cases} x_1 = a_{11}x_1 + a_{12}x_2 + \cdots + a_{1n}x_n + y_1 \\ x_2 = a_{21}x_1 + a_{22}x_2 + \cdots + a_{2n}x_n + y_2 \\ x_n = a_{n1}x_1 + a_{n2}x_2 + \cdots + a_{nn}x_n + y_n \end{cases} \quad (5.10)$$

$$X = \begin{bmatrix} x_1 \\ x_2 \\ \vdots \\ x_n \end{bmatrix} \quad Y = \begin{bmatrix} y_1 \\ y_2 \\ \vdots \\ y_n \end{bmatrix} \quad A = \begin{bmatrix} a_{11} & a_{12} & \cdots & a_{1n} \\ a_{21} & a_{22} & \cdots & a_{2n} \\ \vdots & \vdots & \ddots & \vdots \\ a_{n1} & a_{n2} & \cdots & a_{nn} \end{bmatrix} \quad (5.11)$$

由公式 5.10 和公式 5.11 建立投入产出模型：

$$X = AX + Y \quad (5.12)$$

对公式 5.12 移项求逆后得：

$$X = (I - A)^{-1} Y \quad (5.13)$$

式中：X 代表总产值的列向量；Y 代表最终产品的列向量；I 代表单位矩阵；A 代表直接消耗系数矩阵。

基于直接消耗系数矩阵，可计算得到完全消耗系数矩阵，公式如下：

$$B = (I - A)^{-1} - I \quad (5.14)$$

式中：B 代表完全消耗系数矩阵；I 代表单位矩阵；A 代表直接消耗系数矩阵。

基于上述投入产出模型，计算得到本研究中筛选出的 16 个主导产业的完全消耗系数（表 5.6）。按照 Jenks 自然断点法分为四种依赖程度，分别为高依赖、中高依赖、中低依赖和低依赖（图 5.6）。

表 5.6　长江经济带 16 大主导产业交通依赖性

行业部门	完全消耗系数	依赖程度
交通运输、仓储和邮政业	0.160264	高依赖
纺织服装、服饰业	0.145214	高依赖
医药制造业	0.119609	高依赖
电气机械和器材制造业	0.115906	中高依赖
专用设备制造业	0.115785	中高依赖
汽车制造业	0.114700	中高依赖
铁路、船舶、航空航天和其他运输设备制造业	0.112538	中高依赖
通用设备制造业	0.110520	中高依赖
仪器仪表制造业	0.103907	中低依赖
计算机、通信和其他电子设备制造业	0.097690	中低依赖
批发和零售业	0.094962	中低依赖

续表

行业部门	完全消耗系数	依赖程度
住宿和餐饮业	0.092533	中低依赖
电力、热力的生产和供应业	0.069683	低依赖
农林牧渔产品和服务业	0.058957	低依赖
水的生产和供应业	0.055310	低依赖
（互联网）金融业	0.051389	低依赖

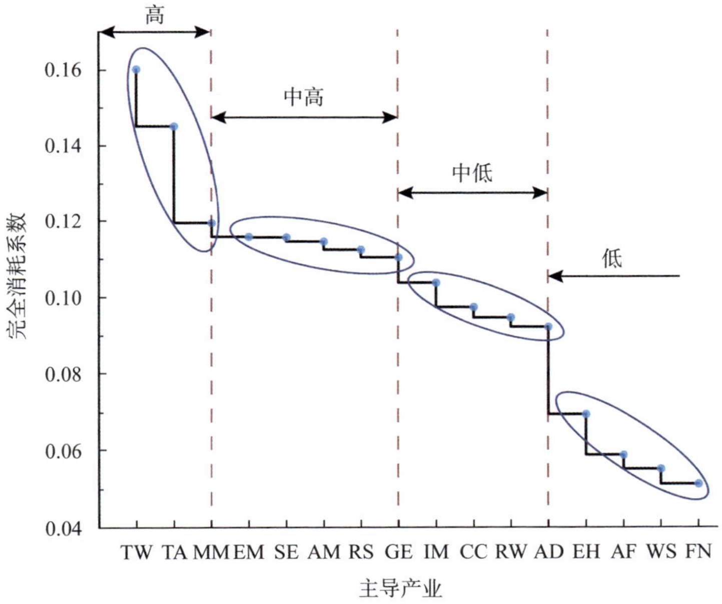

图 5.6　主导产业完全消耗系数梯度分类图

5.4.1.2　城市综合交通依赖性的判定方法

考虑到每个城市的主导产业不止一个，本书结合产业交通依赖度和产业产值 / 增加值得到城市综合交通依赖性。具体公式如下：

$$D_{pi} = \frac{\sum_{r=1}^{n_{pi}} S_{ri} \times V_{ri}}{\sum_{r=1}^{n_{pi}} V_{ri}} \tag{5.15}$$

$$D_{si} = \frac{\sum_{r=1}^{n_{si}} S_{ri} \times O_{ri}}{\sum_{r=1}^{n_{si}} O_{ri}} \tag{5.16}$$

$$D_{ti}=\frac{\sum_{r=1}^{n_{ti}} S_{ri}\times V_{ri}}{\sum_{r=1}^{n_{ti}} V_{ri}} \tag{5.17}$$

$$D_i = D_{pi} + D_{si} + D_{ti} \tag{5.18}$$

式中：D_i 为 i 城市的综合交通依赖性；D_{pi} 为 i 城市第一产业的交通依赖性；D_{si} 为 i 城市第二产业的交通依赖性；D_{ti} 为 i 城市第三产业的交通依赖性；S_{ri} 表示 i 城市的 r 主导产业对交通运输部门的依赖性；V_{ri} 表示 i 城市的 r 主导产业的行业增加值；O_{ri} 表示 i 城市的 r 主导产业的总产值；n_{pi}、n_{si} 和 n_{ti} 分别是 i 城市第一、第二和第三产业的主导产业的数量。

5.4.2 长江经济带城市交通依赖性的空间分布特征

从空间分布来看，长江经济带城市交通依赖性较高的城市主要集中在长江中下游地区；而长江上游城市，除了少数城市外，其他城市交通依赖性普遍较低（图 5.7）。长江经济带交通依赖性排名前十位的城市分别是舟山市、九江市、景德镇市、萍乡市、黄石市、宁波市、新余市、鄂州市、金华市和徐州市。其中，根据国家发展改革委制定的《国家物流枢纽布局和建设规划》，徐州市和鹰潭市为陆港型国家物流枢纽承载城市，舟山市为港口型国家物流枢纽承载城市。因此，这些城市对交通运输业的依赖性相较于长江经济带其他城市较高。而景德镇市和台州市的主导产业都有汽车制造业和交通运输设备制造业这两个对交通运输部门依赖性高的产业。此外，素有“瓷都”之称的景德镇市，其文化及创意产业的发展也是未来景德镇市产业发展的重点方向。长江经济带交通依赖性排名后十位的城市分别是西双版纳傣族自治州、绵阳市、红河哈尼族彝族自治州、丽江市、铜仁市、临沧市、普洱市、达州市、怒江傈僳族自治州和遂宁市。这些城市的产业发展普遍以农林牧渔产品和服务业、电力、热力的生产和供应业、水的生产和供应业以及依靠旅游业拉动的住宿餐饮业为主导，导致此类城市对交通运输的需求相对较低。

长江经济带城市交通依赖性省际差异显著。长江下游省份（江苏、浙江、安徽）城市交通依赖性差异较小，省内产业结构相对完善，各市对交通运输部门的依赖性普遍较高。长江上游省份，尤其是四川和云南，异常值较多，省内城市产业差异较大。此外，长江经济带城市交通依赖性的频数分布与正态分布相似，超过 75% 的城市的交通依赖性集中在中等偏高水平，这表明长江经济带多数城市的产业发展普遍与交通运输建设发展联系密切。

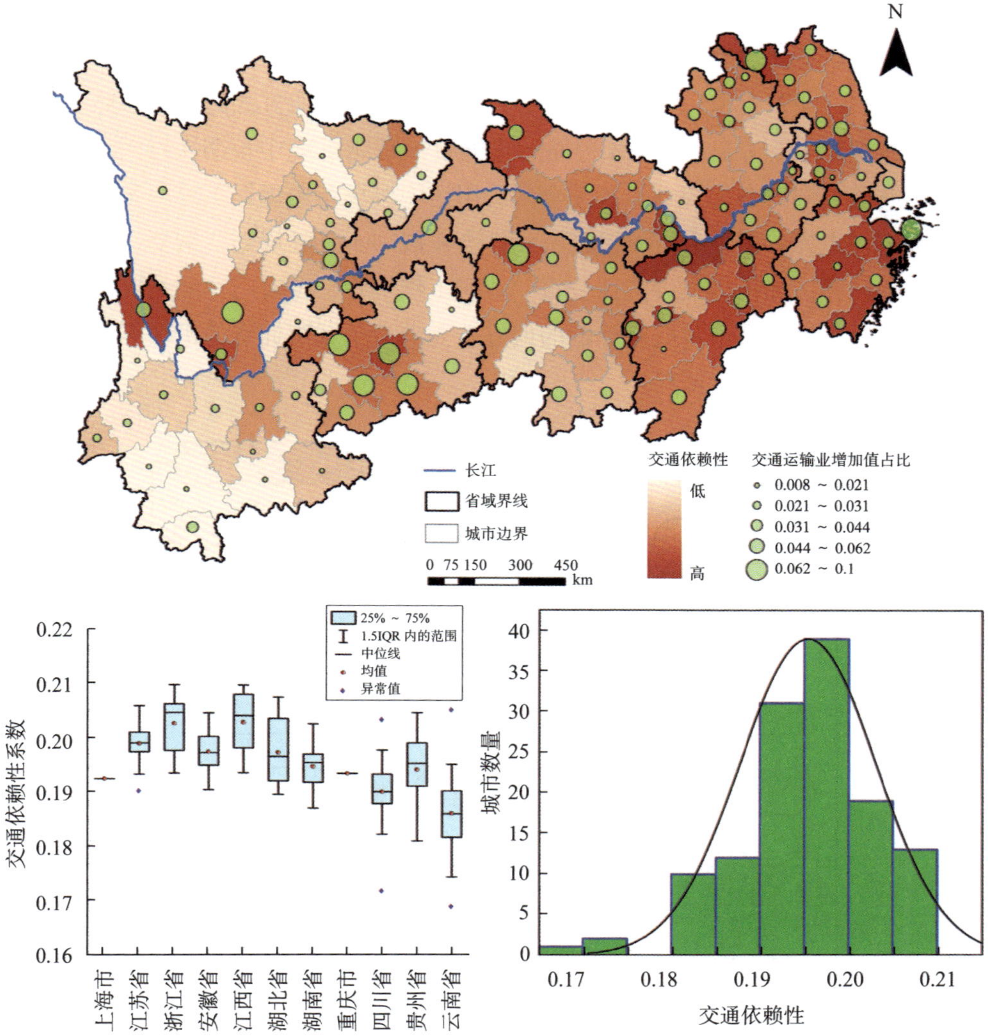

图 5.7　长江经济带城市交通依赖性

5.5　长江经济带各城市交通主导性分析

5.5.1　城市主导交通方式的判定原则

由于城市的发展定位、地理区位、建设本底条件、产业发展需求等存在差异，导致不同城市对交通运输方式的选择偏好有所差别，这也成为提高城市交通运输用地配置侧重性的重要参考。通过交通方式主导性的判定，可以为交通运输用地从类型（用途）角度开展配置提供依据。城市交通主导性的判断，主要基于国家战略交通规划、各市交通运输现状和各市主导产业及战略新兴产业来综合评定（图 5.8）。各市的交通现状可以从实际角度出发，明确交通基础设施的建设重点。国家战略交通规划用于确定各市是否为国家重要交通枢纽，而各市主导产业和战略新兴产业对交通运输方式的偏好也是各市主导交通方式的重要参照。国家战略交通规划主要参考了《国家公路运输枢纽布局规划》《中长期铁路网规划》《全国内河航道与港口布局规划》和《全国民用运输机场布局规划》等。各市主导产业的确定，主要参照了各市国民经济和社会发展“十三五规划”纲要、城市总体规划、国民经济和社会发展统计公报、政府工作报告、政府门户网站以及相关学术文献等。此外，城市对航空运输的偏好主要参考了城市拥有的机场等级，以及民航机场的客货吞吐量情况。

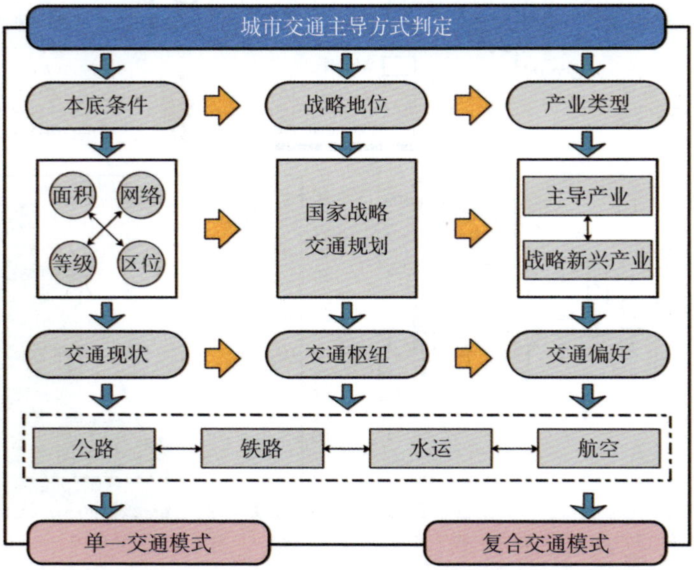

图 5.8　城市交通主导性判定流程示意图

本书首先基于文献和专家经验，结合各产业的发展特征和长江流域自身特色，初步对长江经济带 16 个主导产业的交通偏好进行经验判断（表 5.7），并根据各城市的主导产业，初步判定城市的主导交通方式。其次，本书研究基于已有的国家战略交通规划、五年规划，判定各类城市是否为我国规划内的交通枢纽，包括公路枢纽、铁路枢纽、主要港口和高等级机场。本书认为，一个城市的主导交通方式和它自身在区域内的交通运输战略地位密切联系。如果一个城市仅为公路枢纽城市，其他交通基础设施较为薄弱，那么该城市交通基础设施建设的重点为公路建设，故而判定其主导交通方式为公路运输。如果一个城市既是公路枢纽城市也是铁路枢纽城市，本书认为该城市的主导交通方式为公路—铁路运输。如果一个城市同时是公路枢纽和铁路枢纽，且拥有国家重要港口和高等级机场，本书认为该城市已经具有较为完备的立体交通运输体系，主导交通方式为复合型交通运输（表 5.8）。

表 5.7　长江经济带 16 大主导产业交通方式

主导产业	主导交通方式
仪器仪表制造业	公路、铁路、水运
计算机、通信和其他电子设备制造业	公路、铁路
铁路、船舶、航空航天和其他运输设备制造业	铁路、水运
专用设备制造业	公路、铁路、水运
通用设备制造业	公路、铁路、水运
汽车制造业	公路、铁路、水运
电气机械和器材制造业	公路、铁路、水运
纺织服装、服饰业	公路、铁路、水运
医药制造业	公路、铁路、航空
水的生产和供应业	管道
电力、热力的生产和供应业	管道
交通运输、仓储和邮政业	铁路、公路、水运、航空
批发零售业	公路
住宿和餐饮业	公路
（互联网）金融业	—
农林牧渔产品和服务业	公路、铁路、水运

表 5.8　基于国家战略交通规划的城市主导交通模式判定示例

城市	公路枢纽	铁路枢纽	重要港口	4F 机场	主导交通模式
上海市	√	√	√	√	复合模式
徐州市	√	√	√		复合模式
舟山市	√		√		公路—水运
广元市	√	√			公路—铁路
安顺市	√				单一模式

5.5.1.1　长江经济带主要公路枢纽城市

公路是现代生活中最主要的交通基础设施之一，公路运输也是交通运输系统中最具普适性的运输方式。相比于铁路、港口码头和机场，公路几乎是每个城市必不可少的交通基础设施。因此，长江经济带内所有城市的主导交通方式都包含公路运输，且有半数以上城市被国家定为公路交通枢纽城市。从空间分布来看，重要公路交通枢纽城市主要集中在长江中下游地区，尤其是长江三角洲城市群地区。云南省和四川省公路枢纽城市较少，主要原因在于此二省山川、河流密布，地形地貌十分复杂，开展公路建设工程相对其他省困难（图 5.9）。但是，由于此二省铁路运输受其技术经济特性制约，导致铁路网络的通达性有限，且内河运输受地理区位限制较大。在这种现实情况的约束下，公路运输依然在此二省的交通运输体系中发挥主导作用，其承担了大部分的基础性和中长距离运输。

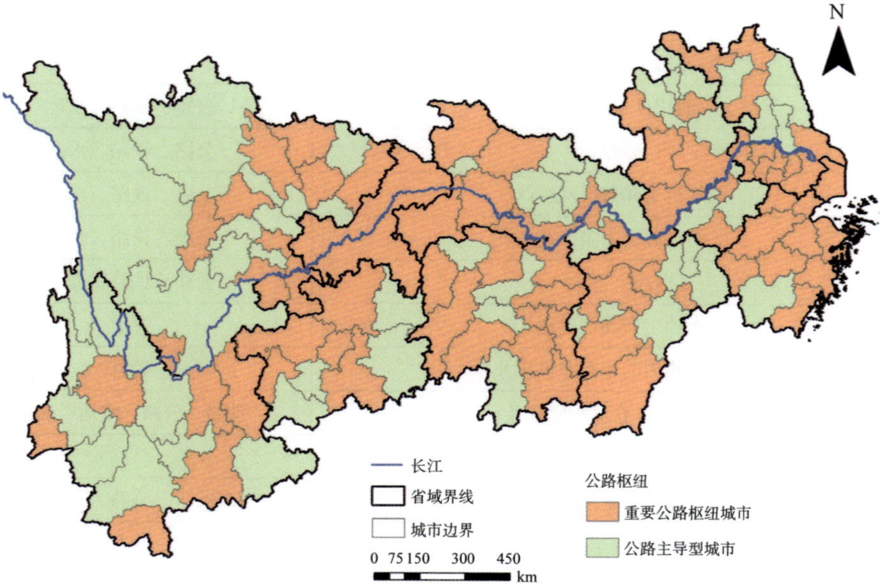

图 5.9　长江经济带主要公路枢纽城市

5.5.1.2　长江经济带主要铁路枢纽城市

长江经济带以铁路运输为主导交通方式的城市多为《中长期铁路网规划》和中国铁路总公司开展的铁路枢纽总图规划研究中拟规划建成的铁路枢纽城市。长江经济带以铁路运输为主导交通方式的城市相对于公路运输较少，仅占长江经济带城市总数的约 1/4。从空间分布来看，铁路主导型城市主要分布在长江经济带的核心城市群内，且各省省会城市多为地区重要铁路枢纽（图 5.10）。此外，长江中游地区的铁路主导型城市数量略多于长江下游地区，而上游地区铁路主导型城市最少，这体现出近年来长江经济带铁路建设的重心主要集中在长江中下游地区。值得注意的是，有部分城市虽不是省会城市，但依然是区域内重要的铁路枢纽，在整个长江经济带铁路网络中发挥着重要的串联功能。例如，赣州市为江西省南部副中心城市，也是长江中游地区重要铁路枢纽。“十三五”期间，赣州市大力推进高铁建设，是长江经济带铁路网络纵贯东西、联通南北的重要节点城市。又如，湖北省宜昌市地处我国铁路网络“八横八纵”的呼南通道（纵向通道）和沿江通道（横向通道）的交汇处，是我国重点关注的国家级铁路枢纽建设城市。

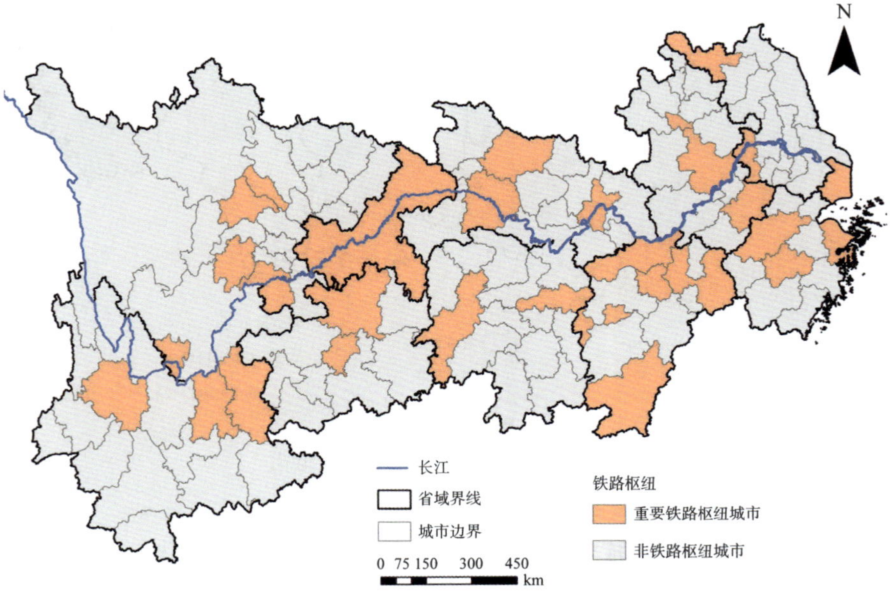

图 5.10　长江经济带主要铁路枢纽城市

5.5.1.3　长江经济带主要港口城市

长江经济带内的主要港口城市沿长江干线和临海分布（图 5.11）。主要港口分为沿海主要港口和内河主要港口两类。主要港口城市的形成和天然的地理区位密切相关，因此水运是一种限制性较强的运输方式。长江经济带坐拥天然的黄金水道，水运是该区域的重要特色。值得注意的是，虽然泰州港、宜宾港、乐山港和水富港不在全国主要港口名单之内，却在江苏省、四川省和云南省的水运运输上发挥着重要作用。泰州港在江苏港口吞吐量排名第四，全球排名跻身前二十，现已成为江苏省沿江“粮食运输第一港”，也是由长江下游地区向中上游地区开展江海物资转运的核心枢纽。宜宾港是仅次于泸州港的四川省第二大港口，乐山港则是成都经济圈内仅有的内河港口，也是四川大件运输的第一港。昭通市的水富港是云南省的第一大港，拥有“万里长江第一港”之称。

5.5.1.4　长江经济带重要机场分布

（1）长江经济带城市机场等级空间分布

长江经济带的 4F 级机场主要分布在省会城市，包括：上海浦东国际机场、杭州萧山国际机场、南京禄口国际机场、武汉天河国际机场、长沙黄花国际机

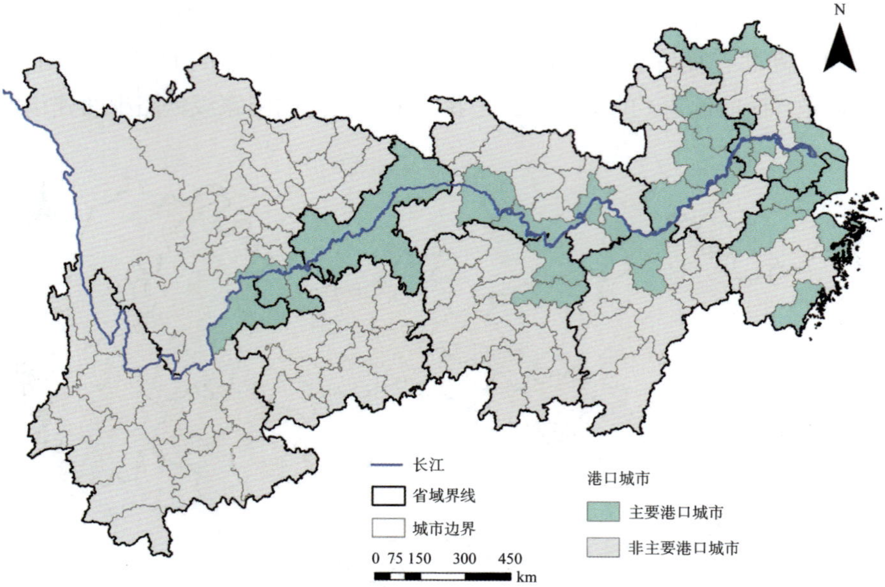

图 5.11　长江经济带主要港口城市

场、重庆江北国际机场、成都双流国际机场和昆明长水国际机场。拥有 4E 级机场的城市主要分布在长三角地区，这些城市普遍经济发达（图 5.12）。拥有 4C 级机场的城市最多，且这些城市主要分布在长江中上游地区。值得注意的是，自然地理条件虽然对公路、铁路建设的限制性较大，但机场的建设受地理区位的影响较小，因此四川和云南西部地区虽然地理条件复杂，却多数市 / 州都拥有机场，且机场等级普遍为 4C 或者 4D，机场成为服务当地经济社会发展和保障人类出行的重要交通基础设施。长江经济带近 30 个城市截至 2016 年尚未建设民用机场，且没有机场的城市主要围绕拥有 4F 机场的城市分布，这主要是因为 4F 机场服务半径大，辐射范围广，导致其周边城市对机场建设需求不迫切。

（2）长江经济带城市机场综合运输能力对比分析

对长江经济带城市的旅客吞吐量和货邮吞吐量分别进行归一化处理，归一化方法选取最大最小值归一化方法，得到无量纲化的客货运运输能力，并以等权将客货运运输能力的归一化值相加，得到不同城市机场的综合运输能力。长江经济带城市机场综合运输能力排名前十位的城市分别是上海市、成都市、昆明市、重庆市、杭州市、南京市、武汉市、长沙市、贵阳市、宁波市。从空间分布特征看，机场综合运输能力较强的城市主要集中在长江下游地区，而中上游地区多数城市的机场综合运输能力较差，客货吞吐量普遍较小（图 5.13）。值得注意的是，从拥有机场的城市的个数来说，长江上游地区有 32 个城市拥有至少一个机场，

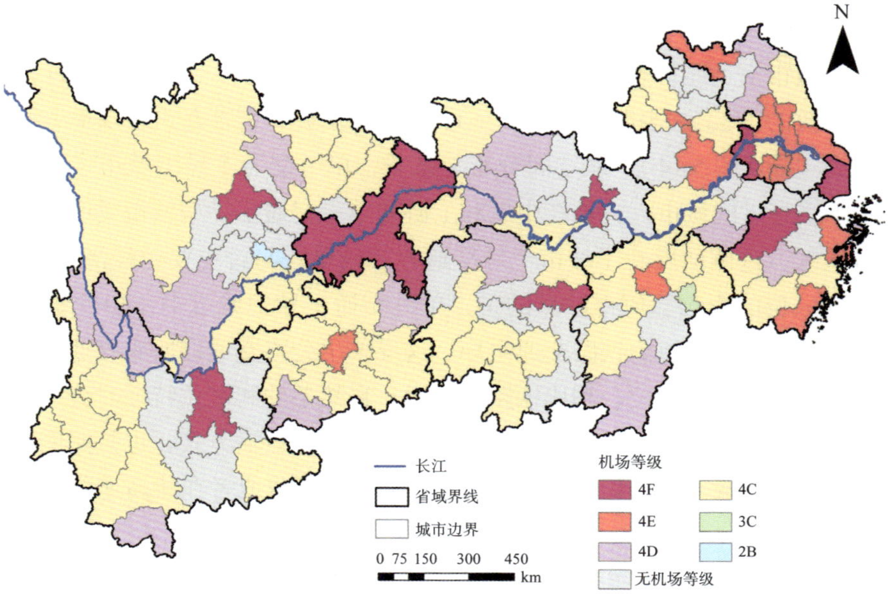

图 5.12　长江经济带城市机场等级空间分布

占长江经济带拥有机场城市数量的近 45%。可见上游地区虽然机场的运输能力有限，但由于上游城市自身地理区位因素的限制，航空运输依然是多个上游城市的主要运输手段之一。

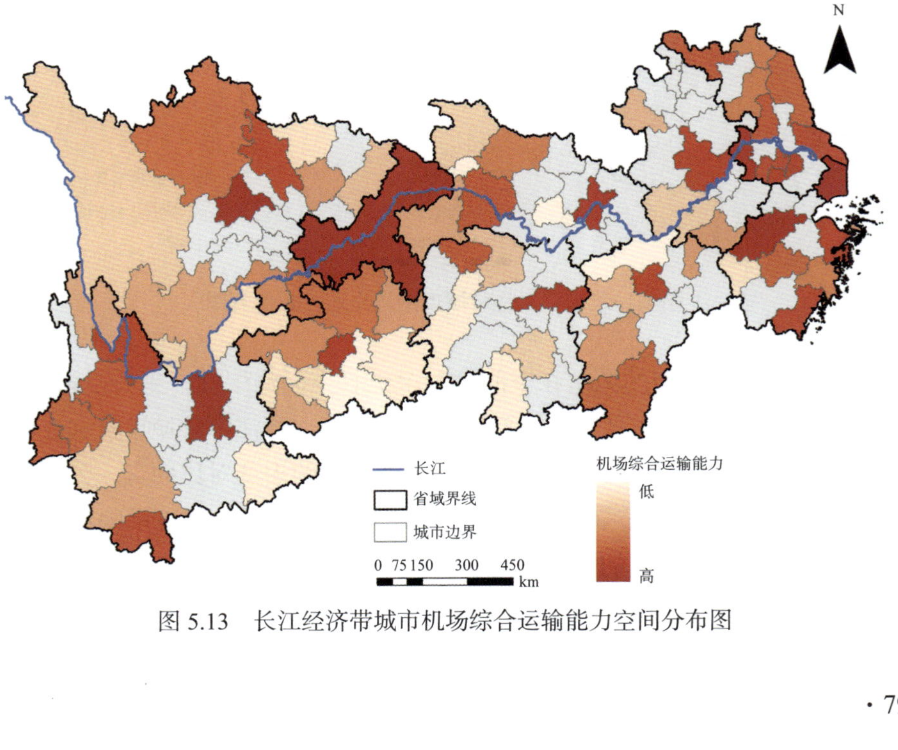

图 5.13　长江经济带城市机场综合运输能力空间分布图

5.5.2 长江经济带城市交通主导性的空间分布特征

从各城市交通主导性来看，单一交通主导型城市有 65 个，约占长江经济带地级市总数的 1/2。这表明，长江经济带目前多数城市交通方式还以单一某种交通类型为主导（图 5.14）。从空间分布上来看，单一交通主导型城市主要是未被长江主干线穿过的城市，且长江中游和上游的单一交通主导型城市要明显多于长江下游地区，这侧面反映了城市主导交通方式的单一与否主要受经济发展水平、自然地理区位的影响。值得注意的是，单一交通主导型城市中，60 个城市为公路交通主导，五个城市为铁路交通主导。这反映出公路交通在所有交通运输方式中具有普适性的重要地位。相比铁路和水运，自然条件和区位特征对公路建设的约束相对较小。公路交通是构成陆路运输最为主要的运输方式，也是路网密度最高的一种交通运输方式，长江经济带内所有城市都建成或者在建高速公路。

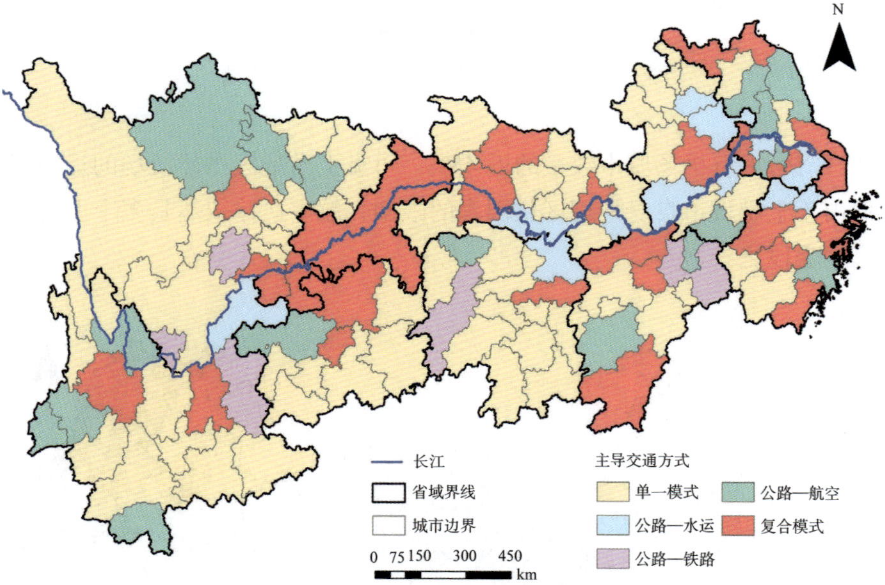

图 5.14 长江经济带城市主导交通方式示意图

非单一交通主导型的城市在空间分布上更具空间集聚性，主要沿海、沿江、沿河分布，且这些城市主要位于长江三角洲城市群、长江中游城市群和成渝城市群三大城市群内。就多种交通运输方式主导的城市的内部对比而言，公路—水运复合主导型城市有 13 个，占全部复合型城市总量的 20%，这也反映出水运在长江经济带交通运输中扮演的重要角色。长江经济带内的城市拥有自然地理区位的优势，坐拥我国黄金水道，水运成为联系长江上、中、下游的重要媒介。但是，水运交通受自然地理因素的限制性较强，相较于公路和铁路普适性低，且部分产业不适用于水运运输（对时效性要求较高的产业）。因此，水运对城市的地理区位和产业类型都有较高的要求。如安徽省的马鞍山市，其水路运输能力突出，是长江十大港口之一、国家一类口岸，大陆首批对台直航港口之一，且该市的主导产业也适合走水路运输，因此该市的主导交通方式被定位水运主导。而超过两种交通运输方式的复合型交通主导城市多为直辖市、省会城市。这些城市普遍位于我国主要水系的干线上，或者为临海、近海城市，经济发展好，政治地位高。如武汉市，素有“九省通衢”之称，是我国中部地区、也是长江中游地区最大的综合交通枢纽，交通能力内可辐射全国，外可通航世界五大洲。因此，将武汉市定位为公路—铁路—水运—航空复合交通主导型城市。

5.6 小结

本章从城市交通依赖性和主导性两个方面，分析长江经济带交通运输用地配置的内部影响因素。以主导产业发展对交通运输用地需求的内在影响机制研究为出发点，探索城市主导产业和战略新兴产业对交通运输部门的需求，基于长江经济带各市主导产业的确定，应用投入产出思想确定各市对交通的依赖性。在此基础上，结合各主导产业对交通运输方式的偏好，及国家战略交通规划和各市交通运输现状，判定不同城市的主导交通方式。

（1）主导产业发展影响交通运输用地需求的内在机制

交通运输用地配置，既能作用于城市产业的发展，也能被城市的产业发展方向和潜力所影响，二者间存在相互影响、彼此促进的正向关系。城市主导产业和战略新兴产业发展是进行交通运输用地优化配置过程中必须要考虑的关键因素，其决定了城市发展的方向和潜力，也是实现区域协同发展的重要路径。

（2）长江经济带主导产业遴选

本书在主导产业遴选原则的基础上，依照市场规模、优势产业、空间聚集度、产业关联度、人员效益、资本效益、国际化程度、品牌竞争力和科技进步贡献九项因素，在48个行业中筛选出长江经济带的16个主导产业，行业涉及第一、二、三产业。

（3）长江经济带各城市交通依赖性

本书在确定城市产业发展重点和方向的基础上，应用投入产出的思想，确定不同主导产业部门与交通运输部门之间的相互依存关系，并通过产业产值 / 增加值对各主导产业的交通依赖性进行加权求和，获得城市综合交通依赖性。研究结果表明，长江经济带城市交通依赖性较高的城市主要集中在长江中下游地区，而长江上游城市除了少数城市外，其他城市交通依赖性普遍较低。

（4）长江经济带各城市交通主导性

城市交通主导性的判断主要基于国家战略交通规划、各市交通运输现状和各市主导产业及战略新兴产业来综合评定。国家战略交通规划用于确定各市是否为国家重要交通枢纽，而各市主导产业和战略新兴产业对交通运输方式的偏好也是各市主导交通方式的重要参照。研究结果表明，单一交通主导型城市主要是未被长江主干线穿过的城市，且长江中游和上游的单一交通主导型城市要明显多于长江下游地区。复合交通主导型的城市在空间分布上更具空间集聚性，主要沿海、沿江、沿河分布，且这些城市主要位于长江三角洲城市群、长江中游城市群和成渝城市群三大城市群内。

6 长江经济带交通运输用地配置外部性因素分析

在区域尺度交通运输用地优化配置过程中，外部空间对特定空间的影响也是必须要考虑的重要因素。本书将这种外部空间的影响作用称为交通运输用地配置的外部性因素。考虑到我国正大力推进区域协调发展战略，交通基础设施作为沟通区域各空间的重要媒介，交通网络的合理布局是实现区域一体化发展的关键所在。交通运输用地作为承载交通网络落地的基础载体，用地的优化配置直接决定了城市间交通网络的通达程度。因此，本书选取交通网络通达性作为区域交通运输用地优化配置的关键外部性因素。此外，随着各界对可持续发展理念的广泛认同，土地资源可持续利用的内涵指引着区域交通运输用地的优化配置必须要综合考虑土地利用的社会、经济和生态效益的最大化，即实现多系统的协调发展是实现土地资源可持续利用的重要路径。因此，交通协调性是区域交通运输用地优化配置过程中必须考虑的另一个重要外部性因素。本章通过空间句法模型和耦合协调模型，分别量化评估了区域交通运输用地配置的两个重要外部性因素（通达性和协调性），为后续长江经济带交通运输用地配置决策方案的制定打下定量分析基础。

6.1 长江经济带城市交通通达性分析

6.1.1 通达性的定义

为了从交通运输用地配置的外部性影响评估各城市的交通基础设施现状水平，本书通过计算长江经济带各城市的交通通达性来评估城市交通网络内外联通能力。通达性（Accessibility）是指触及商品、服务、活动、目的地等的机会，此概念被广泛应用于地理、交通领域的研究[201]。在交通规划中，通达性是指节点之间进行互动和交流的潜力大小，即用来度量一个空间访问另一个空间的难易程度，通达性的度量往往与一个或多个起源地相关联。在地理和交通领域研究中，节点往往是行政区、站点等地理对象[202]。特殊情况下，可以将轴线或者面抽象为点，以此来抽象计算此类要素之间的通达性水平。交通通达性越高的节点，可以更轻松地到达更多的目的地；交通通达性越低的节点，意味着在给定的时间和成本下其可以到达的目的地较少。

6.1.2 通达性计算方法

6.1.2.1 数据收集与预处理

本书中空间句法模型所用到的交通网络现状数据，均来自国家官方发布的栅格图片。在 ArcGIS 中对栅格图像进行地理配准，并通过手动矢量化获取具备空间信息的交通运输网络（图 6.1）。其中，高速公路网络数据来源于《“十三五”现代综合交通运输体系发展规划》中的附图 4：“十三五”国家高速公路规划建设示意图；高速铁路和普速铁路网络数据来源于《“十三五”现代综合交通运输体系发展规划》中的附图 3：“十三五”铁路规划建设示意图和《中长期铁路网规划》中的附图 1：中长期铁路网规划图；普通国道网络数据来源于《国家公路网规划（2013—2030 年）》中的附图 1：普通国道布局方案图。

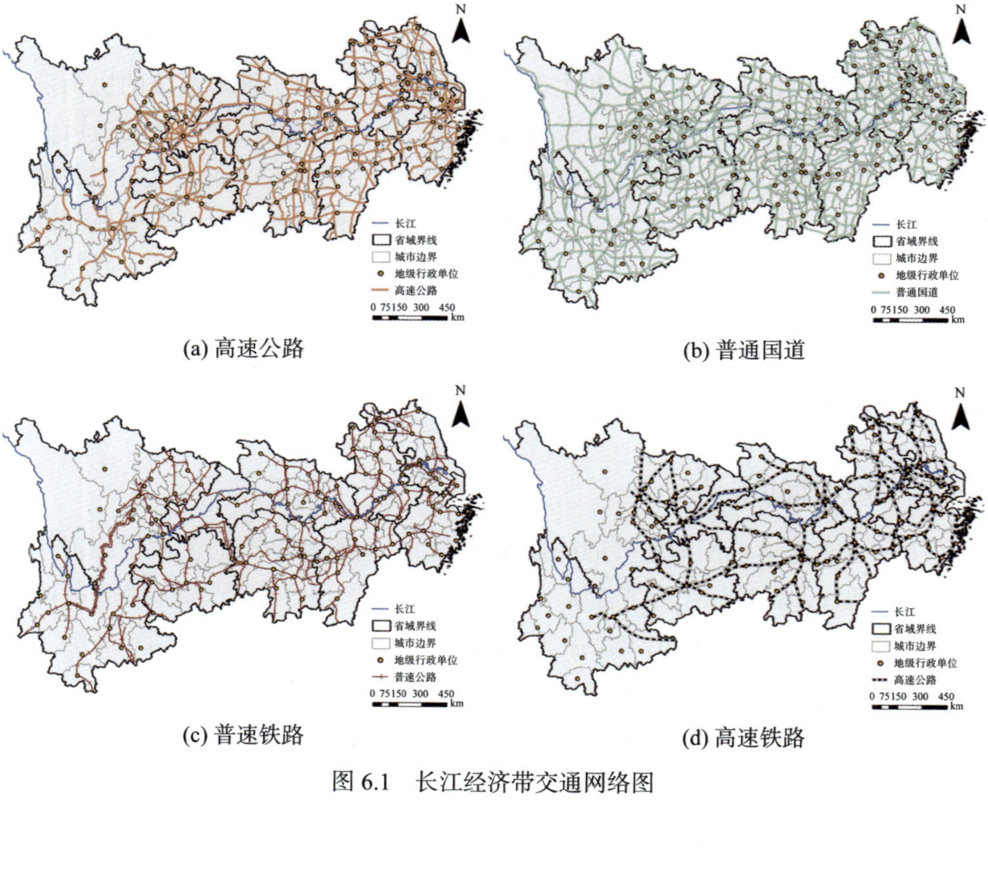

(a) 高速公路　(b) 普通国道

(c) 普速铁路　(d) 高速铁路

图 6.1　长江经济带交通网络图

6.1.2.2 空间句法的轴线模型与空间分割

由于空间句法模型本质上是一种空间拓扑网络，其不考虑轴线的自身属性（长度、宽度、等级、站点数量等），只考虑轴线在空间上的拓扑关系。空间句法模型的空间分割方法有三种：轴线法、视域法和凸状法。其中，轴线法普遍应用于交通网络通达性的研究中。在进行空间分割时，以最少数目的最长轴线覆盖整个轴线地图，再把每条轴线作为一个节点得到与其他相连轴线的组合关系，进而开展句法测度 [203]。空间句法对轴线的分割带有主观性，且在大尺度的研究中尤为明显 [204]。城市是构成交通网络的重要节点。因此，本书利用地级行政单位打断较长的交通轴线，将打断后的路段当作需要研究的拓扑元素，对轴线模型进行扩展。已有研究也证明，将空间句法应用到大尺度的研究时，以城市为节点打断较长的交通轴线具有更好的研究成效 [205]。

起点、终点和交通网络系统是空间句法轴线模型中必须考虑在内的三个基本要素 [206]。由于轴线模型排斥点状和面状图层，使得大尺度下构建的交通模型缺少起始点和目的地，即难以将城市纳入空间句法模型当中。为了弥补空间句法模型的这一缺陷，本书将模型中的起始点、目的地等点状图层转化为环状结构，即假定各个城市均具有环状的绕城道路参与交通流动，其与城市周围的各条线段相连，并将其作为交通网络的起点和终点参与研究 [207]。此外，本书将计算得到的城市环形交通网络的通达性赋予对应城市，可以实现对城市交通通达性的量化（图 6.2）。就具体操作而言，基于 ArcGIS 平台，本书将各个地级行政单位的点状图层进行缓冲区分析，并将缓冲面通过面转线功能转换为城市内部的环形线状图层。

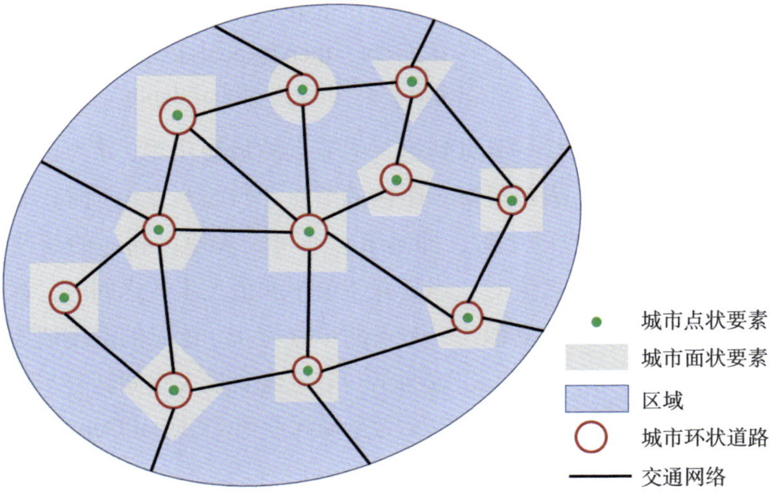

图 6.2　区域尺度空间句法轴线模型示意图

6.1.2.3 空间句法基本度量指标的计算

空间句法模型在交通通达性的研究之中得到了很好的应用，已经成为通达性研究的常用方法之一[208]。由于交通通达性的研究一直都是交通地理学、城市规划学等领域研究的热点。因此，空间句法模型在交通网络研究中的应用受到了越来越广泛的关注。空间句法模型由英国著名学者 Bill · Hiller 首次提出。空间句法模型的实质是一种拓扑网络。它将研究回归到空间本身，并且将空间抽象为空间单元的表达[209]。空间句法的理论依托源于人们对空间的动态感知能力，通过移动中的人们在局部空间感知中所能达到的范围作为空间分割的依据[210]。空间句法的基本度量指标包括四个：连接值（Connectivity），深度值（Depth），控制值（Control Value）和集成度（Integration Value）[211]。

（1）连接值

连接值表征一个轴线 i 所连接的相邻轴线条数，连接值越高表明该空间在整个空间中的连接能力更强、机会更多。

$$C_i = k \tag{6.1}$$

式中：k 代表直接连接到轴线 i 的相邻轴线的数量。

（2）深度值

深度值用来表征从一个空间到达另一个空间所需的拓扑意义上的最小句法步数。在轴线地图中，深度值用以反映一个节点到达其他节点的最小轴线组合。深度值强调的是节点间的空间转移步数，是通过拓扑网络表征各节点的可达性水平，而非表征两个节点间的实际距离。深度值越大，空间可达性越低，说明节点需要进行更多步的空间转移到达其他节点。深度值的计算公式如下：

$$D = \sum_{d=i}^{s} d \times N_d = \begin{cases} \text{if } d = 1 & \text{then} = \text{connectivity} \\ \text{if } d = m & \text{then} = \text{local depth} \\ \text{if } d = s & \text{then} = \text{global depth} \end{cases} \tag{6.2}$$

式中：d 表示轴线地图中某一节点到达其他节点的最短步距，d 为正整数，最小值为 1，最大值为 s；N_d 表示最短步距内的节点个数。当 $d = 1$ 时，表征与某一节点直接相连的其他节点的个数，即某节点通过一步便可到达的其他节点的数量，此时的深度值就是连接值 C_i；当 d 介于最小和最大步数之间时，深度值也随之增加，表征某一节点到达其他任一节点的步数为 m，此时的深度值定义为局部深度值（Local Depth）；当 $d = s$，表明某一节点需要最大空间转移步数才能到达空间内的任一节点，此时的深度值定义为全局深度值（Global Depth）。

（3）控制值

控制值反映了某一轴线对其他相连轴线的影响或控制程度，其考虑了相连轴线的所有连接选择。就具体计算而言，轴线 i 的控制值表征为与其相连轴线的连接值的倒数之和；控制值越高的轴线，表明其在空间连接中的作用贡献更高。其计算公式如下：

$$Ctrl_i = \sum_{i=1}^{k} \frac{k}{C_i} \tag{6.3}$$

（4）集成度

集成度反映了轴线地图中某一节点和其他节点的聚集或离散程度，其大小表征了某一节点连接其他节点的能力。集成度越高，表明节点的网络通达性越好。根据度量范围的不同，集成度被分为全局集成度（Global Integration Index）和局部集成度（Local Integration Index）两类。全局集成度表示以某一节点为起点，到整个研究空间范围内所有其他节点的步距。局部集成度，顾名思义就是针对局部的空间范围开展节点间的连接能力的度量，空间范围往往设定在三步以内，最大范围不超过五步。集成度的计算公式如下：

$$GI_i = \frac{k(D-1)}{n-2} \tag{6.4}$$

$$LI_i = \frac{(\bar{D}-1)(n-1)}{n\{\log_2[(n+2)/3]-1\}+1} \tag{6.5}$$

$$\bar{D} = \frac{D}{n-2} \tag{6.6}$$

式中：GI_i 表示全局集成度；LI_i 表示局部集成度；n 为网络内总轴线数或总节点数；$\bar{D}$ 为平均深度值。

6.1.2.4 通达性计算

已有研究表明，连接值和局部集成度是空间句法模型中最常用的两个参数，能够较好地反映轴线的通达性水平。因此本书采用连接值来反映轴线的连接能力，即直接影响到通达性的强弱；采用局部集成度来衡量与研究轴线相连接的其他轴线的通达性。通过 ArcGIS 的 Axwoman 插件来计算各轴线的连接值和局部集成度，并综合计算得到各条轴线的通达性。基于空间句法基础度量指标的交通轴线通达性的计算公式如下：

$$A_i = \sum_{j=0}^{n} I_j \tag{6.7}$$

式中：A 表示第 i 条轴线的通达性；n 表示与第 i 条交通轴线相连接的其他 j 条交通轴线的数量；I_j 表示第 j 条轴线的局部集成度。

$$A = W_{hw} \times A_{hw} + W_{nr} \times A_{nr} + W_{hr} \times A_{hr} + W_{ur} \times A_{ur} \tag{6.8}$$

式中：A 表示城市的综合交通通达性；W_{hw}，W_{nr}，W_{hr}，W_{ur} 分别代表高速公路、普通国道、高速铁路、普速铁路在综合交通通达性中所占的权重；A_{hw}，A_{nr}，A_{hr}，A_{ur} 分别代表高速公路、普通国道、高速铁路、普速铁路的交通通达性。

各种交通方式权重的确定，参考了不同运输线路的客运量和客流量。参考《2016 中国高速公路运输量统计调查分析报告》和《中国交通运输统计年鉴 2017》，得知 2016 年公路运输（高速公路和国道）的客运量与铁路（高速铁路和普速铁路）的客运量之比约为 5∶4，且高速公路和国道的客流量之比约为 2∶1。此外，由于高速铁路与普速铁路的运输能力无法获得相关数据进行量化对比，本书假设二者的通达性权重为 1∶1。

6.1.3 长江经济带交通通达性分析

长江经济带各类交通轴线的通达性都呈现明显的空间聚集特征（图 6.3）。就高速公路形成的交通轴线而言，通达性较高的地区主要有长三角城市群，呈现以上海市、杭州市和南京市等核心城市向周边城市放射的空间特征，以及成渝城市群，呈现以重庆市和成都市为核心城市向周边城市放射的空间特征。就长江经济带的普通国道而言，国道形成的交通轴线通达性空间特征与高速公路较为相似，但国道通达性较高的地区覆盖范围更广，涉及长江下游地区、长江中游城市群、成渝城市群和滇中城市群。相较于公路而言，通达性高的铁路轴线空间覆盖范围较小，普遍呈现核心城市带动其临接的其他城市，对更外围的城市辐射影响效果较弱。从空间集聚特征来看，高速铁路轴线通达性较高的地区涉及成渝城市群和苏皖地区，其他通达性较高的轴线较为分散。普速铁路轴线通达性较高的地区主要集中在长江中游地区，可见长江中游地区普速铁路的空间网络联系更为紧密，已经形成相互联通的普速铁路运输网络格局。

通过 GIS 平台的空间连接功能，将不同类型的交通轴线与城市面（城市环形交通网络）进行空间连接，获得每个城市所涵盖的各类交通轴线，并加和各类轴线的通达性得到各城市的交通网络通达性。由图 6.4 可见，长江经济带城市的交通通达性呈现明显的空间聚集特征，通达性较高的城市沿长江干流呈带状分布，干流两侧城市的交通通达性普遍较高。且省会级城市通达性高于其他地级市，呈现出以省会级城市为核心，交通通达性从核心向外围城市减弱的特征。长江经济带陆路运输线路通达性排名前十位的城市分别是重庆市（30.938）、南京市（26.753）、成都市（25.850）、杭州市（20.785）、贵阳市（20.113）、九江市（17.827）、淮安市（16.463）、南昌市（16.203）、合肥市（15.811）和长沙市（15.738）。通达性较低的城市主要分布在江西省、湖南省、贵州省、四川

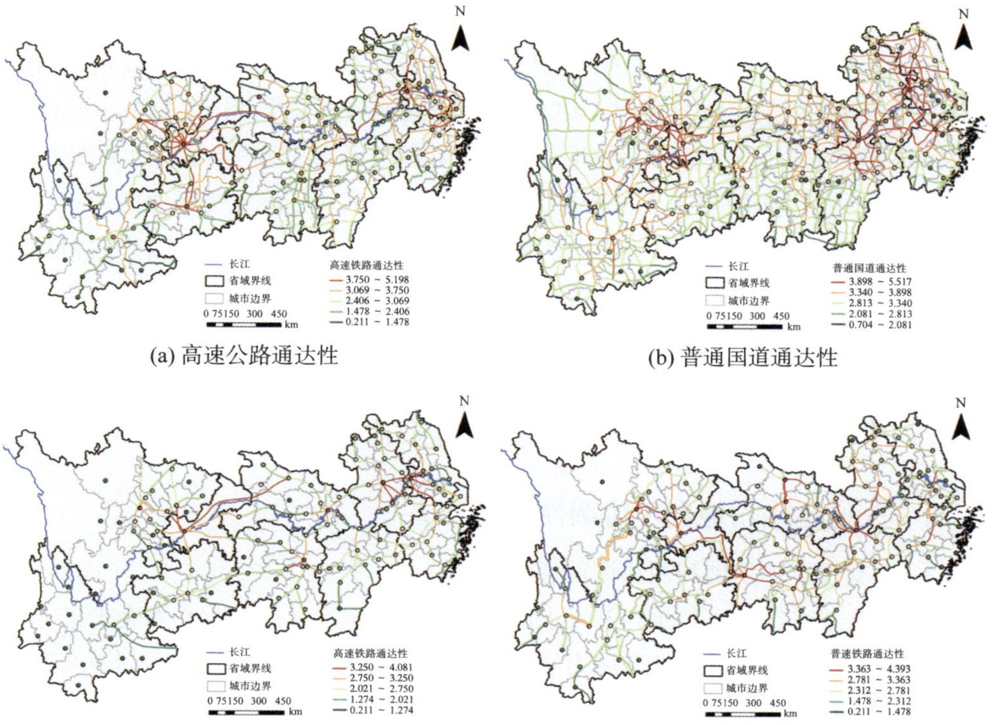

(a) 高速公路通达性　　(b) 普通国道通达性

(c) 高速铁路通达性　　(d) 普速铁路通达性

图 6.3　各类交通轴线通达性示意图

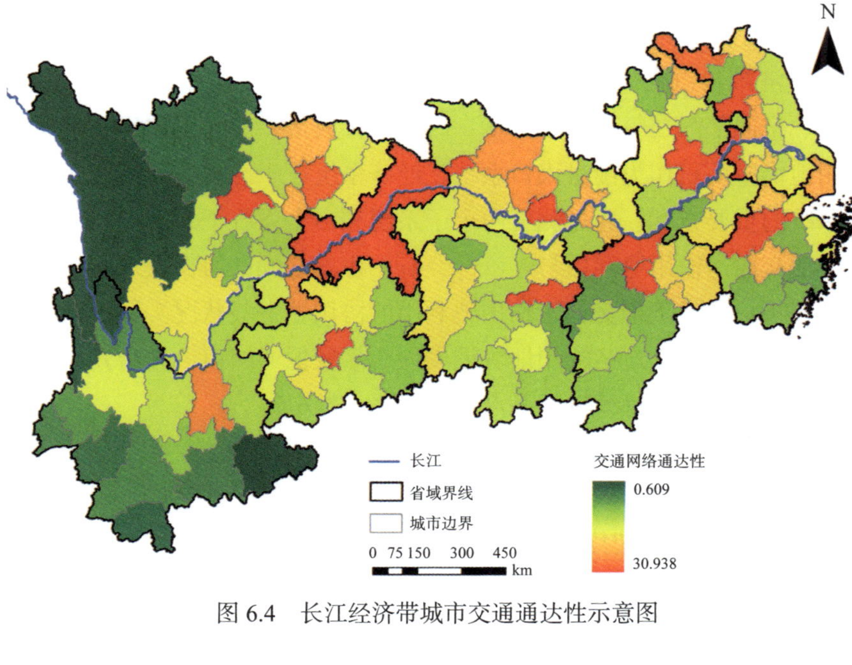

图 6.4　长江经济带城市交通通达性示意图

省和云南省。排名后十位的城市有文山壮族苗族自治州（0.609）、甘孜藏族自治州（0.989）、迪庆藏族自治州（1.156）、舟山市（1.309）、怒江傈僳族自治州（1.410）、西双版纳傣族自治州（1.955）、阿坝藏族羌族自治州（2.115）、临沧市（2.445）、红河哈尼族彝族自治州（2.947）和德宏傣族景颇族自治州（3.123）。在排名后十位的城市中，有九个城市地处四川省西部和云南省边陲地区，只有舟山市地处东部沿海地区。由于天然的地理区位禀赋，致使舟山市陆路运输相对薄弱，反而水运成为该市的重要交通运输方式，该市多数主导产业都依托于水路运输发展。

6.2 长江经济带各城市交通运输用地协调性利用分析

6.2.1 交通运输用地利用协调性计算方法

6.2.1.1 交通运输用地利用协调性评价思路

交通运输是影响人类生存和发展的重要系统。该系统的变化必然会带来经济的发展和人口的转移，反过来城市经济发展和人口出行的需求又不断刺激交通运输系统的不断完善。此外，交通系统建设或运行过程中，对生态环境产生的负面影响成为制约城市可持续发展的重要阻力。随着我国对生态环境保护的重视，要求交通系统建设的同时，尽量减少对生态环境的负面影响。因此，研究交通运输利用与人口增长、经济发展和生态环境保护之间的协调发展程度，是科学制定区域土地利用优化配置策略的前提，对区域土地的可持续利用具有重大意义。本书选取长江经济带各市人口总量、人口自然增长率、GDP 总量、城镇居民人均可支配收入、交通部门二氧化碳排放量、PM2.5 排放量、交通运输用地规模以及交通运输用地供应面积作为衡量人口系统、经济系统、生态环境系统和交通运输用地利用系统的重要指标。通过测度两个子系统和多个系统子系统之间的耦合协调度，来评估交通运输用地利用与人口 – 经济 – 生态之间的协调发展特征，从时空对比角度分析长江经济带交通运输用地利用的协调性发展状况。通过城市间的对比分析，发现区域内交通运输用地协调发展水平较低的城市，并将其作为提升区域交通运输用地配置可持续性的重点关注对象（图 6.5）。

6.2.1.2 各系统指标选取和计算

（1）指标选取

参考已有相关研究使用的指标体系，本书综合考虑指标的代表性和可获取性，从规模、效益、潜力等方面较全面地反映经济系统、人口系统、生态环境系统和交通运输用地利用系统的现状，实现区域内各子系统耦合协调的时空对比。

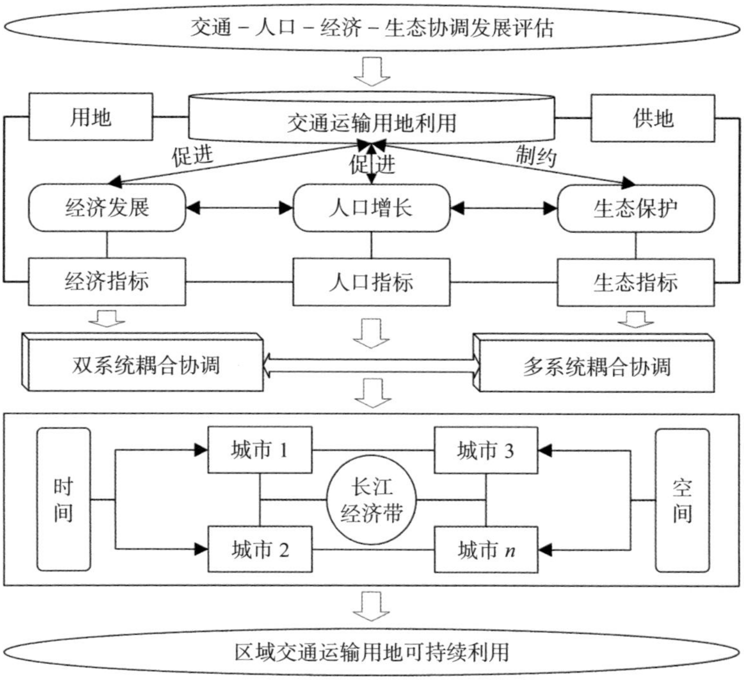

图 6.5　区域交通－人口－经济－生态协调发展评估框架

其中，本书选取了 PM2.5 排放量和交通部门的二氧化碳排放量来反映生态环境系统状况。这两个指标分别从环境污染和气候变化两个方面，直观刻画了交通运输用地配置带来的生态环境影响。指标体系，见表 6.1。

表 6.1　交通－人口－经济－生态协调发展评估指标体系

子系统	指标名称	指标类型	数据类型
经济系统	GDP	规模指标	统计数据
	城镇居民人均可支配收入	效益指标	统计数据
人口系统	人口总量	规模指标	统计数据
	人口自然增长率	潜力指标	统计数据
生态环境系统	交通部门二氧化碳排放量	温室气体	模型计算
	PM2.5 排放量	空气污染物	栅格数据
交通运输用地利用系统	交通运输用地规模	规模指标	统计数据
	交通运输用地供地面积	潜力指标	统计数据

（2）交通部门二氧化碳排放测算

由于受地级市分行业能源消费数据的限制，本书参考环境规划院蔡博峰研究员提出的国家和省级尺度交通部门二氧化碳排放核算方法，在国家 / 省级尺度开展不同交通子系统二氧化碳排放量核算[212]；并通过路网数据、航道数据，以及机场分布数据，将省级交通部门二氧化碳分配至相应地级市。基于此方法，本书核算了公路、铁路、水运和航空四个交通子系统的二氧化碳排放。排放量的核算范围只包括各子系统燃料燃烧产生的直接二氧化碳排放，不包括电力消费带来的间接排放。核算方法参考《2006 年 IPCC 国家温室气体清单指南》，排放因子参考《中国温室气体清单研究 2008》（表 6.2）。考虑到我国没有针对不同交通子系统油耗量的分类统计数据，因此，在 IPCC 指南推荐方法的基础上，通过不同交通子系统单位运输量（客运周转量和货运周转量）的能耗量对计算公式进行扩展。计算公式如下：

$$E=\sum_{j,k}EF_{j,k}\times F_{jk} \tag{6.9}$$

$$F_{jk}=V_{ik}\times M_{ik} \tag{6.10}$$

式中：E 表示交通部门二氧化碳排放总量；$EF_{j,k}$ 表示 k 交通子系统消费 j 燃料的排放因子；F_{jk} 表示 k 交通子系统消费 j 燃料的总量；V_{ik} 表示 k 交通子系统消费 j 燃料所带来的运输量；M_{ik} 表示 k 交通子系统单位运输量所消费的 j 燃料；k 包括公路、铁路、水运和航空 4 个交通子系统；i 表示交通运输部门消费的燃料类型，包括汽油、柴油、航空煤油及燃料油。

表 6.2　不同运输系统燃料消费碳排放因子　　单位：千克 / 太焦

交通类型	燃料类型	排放因子
公路	汽油	69300
	柴油	74067
铁路	柴油	73187
水运	柴油	73187
	燃料油	73187
航空	航空煤油	71500

基于省级核算数据，本书制定了相关分配原则，将省级交通二氧化碳排放分配至各地级市。就公路运输而言，本书依据《公路工程技术标准》（JTG B01—2003），以不同道路等级设计日交通量为权重，将各省公路运输排放分配到不用等级的公路上；并通过 GIS 平台的空间统计功能，获取每个城市公路运输交通二氧化碳排放量。城市铁路运输排放，按各市铁路网的长度将对应省级二氧化碳排放进行分配。城市水运和航空运输排放，是按照每个城市的水运和航空运输量的大小，将对应省级二氧化碳排放进行分配。

（3）指标处理

在进行耦合协调度计算之前，为了消除各子系统指标数据由于统计单位不同导致的量级差异，本书采用极值法对指标的原始数据进行无量纲化处理。具体公式如下：

$$y_i = \frac{x_i}{a_i}\text{（正向指标）} \tag{6.11}$$

$$y_i = \frac{a_i}{x_i}\text{（逆向指标）} \tag{6.12}$$

式中：y_i 代表指标的无量纲化数值；x_i 为指标的原始数值；a_i 为指标的理想值，即当指标为正向时，a_i 取最大值，反之则取最小值。

（4）子系统综合评价指数计算

$$U(x) = \sum_{i}^{m} w_i \times y_i \tag{6.13}$$

式中：$U(x)$ 表示各子系统的综合评价指数；m 表示各子系统指标个数；w_i 表示各指标的权重（本文赋予不同系统的指标相同的权重）；y_i 代表指标的无量纲化数值。

6.2.1.3 耦合协调度建模

耦合是指两个或两个以上的系统间相互作用、彼此影响乃至有机联合起来的现象。在社会经济研究中，系统具体指的是各类社会和经济活动。耦合度是反映两个或多个系统的耦合现象的重要定量化指标，可以通过数值大小定量描述系统间相互作用、彼此制约的程度。本书通过计算人口、经济和生态与交通运输用地之间的耦合度，来反映人口、经济和生态与交通运输用地之间相互影响和作用的程度，公式如下[213]：

$$C = \left\{ \frac{\prod_{i=1}^{n} U_i(x)}{\left[\frac{\sum_{i=1}^{n} U_i(x)}{n} \right]^n} \right\}^{\frac{1}{n}} \tag{6.14}$$

式中：C 代表 n 个子系统间的耦合度，取值范围介于 [0，1]，数值的增大表明两者为共振耦合，相互作用程度强；$U_i(x)$ 表示各子系统的量化数值；n 表示子系统的数量。

单纯计算的耦合度难以反映现状水平和真实状态的问题，如经济水平和交通运输用地规模均处于较低水平，其耦合度也较高。故引入耦合协调度函数，可客观表征要素相互作用过程中的良性耦合水平，它体现出协调状况的好坏。耦合协调度计算公式如下：

$$T = \sum_{i=1}^{n} \alpha_i U_i(x) \tag{6.15}$$

$$D = (C \times T)^{\frac{1}{2}} \tag{6.16}$$

式中：T 为人口、经济或生态与交通运输用地状况的综合评价值；待定参数 α_i，一般设定 $\alpha_i = 1/n$，表示各子系统同等重要。

为更好地开展耦合度和协调度的差异分析，本书参考已有学者提出的分类方法，将子系统间的耦合度和耦合协调度均划为 4 个等级（表 6.3）。

表 6.3　耦合协调度分级标准

耦合度 C	耦合类型	耦合协调度 D	协调等级
（0，0.3]	低水平耦合	（0，0.3]	低协调阶段
（0.3，0.5]	拮抗耦合	（0.3，0.5]	中协调阶段
（0.5，0.8]	磨合阶段	（0.5，0.8]	高协调阶段
（0.8，1]	高水平耦合	（0.8，1]	极协调阶段

6.2.2　长江经济带双系统耦合协调的时空变化分析

6.2.2.1　长江经济带各城市经济－交通耦合协调度分析

从长江经济带城市经济－交通两系统间的耦合度来看，无论是 2009 年还是 2016 年，多数城市的耦合度均超过 0.7。可见，多数城市的经济－交通发展处于同向的状态，经济发展水平高的城市交通运输系统也相对完备，经济发展水平低的城市交通基础设施较为薄弱。从经济－交通耦合度的时间对比来看，2016 年长江经济带各城市的平均经济－交通耦合度略高于 2009 年，表明长江经济带经济和交通两系统间同向发展的倾向加强，且随着时间的推移，城市间的经济－交通耦合度差距在缩小。从箱线图的异常点来看，2009 年的异常值城市有 5 个。其中，丽江市、怒江傈僳族自治州和迪庆藏族自治州的耦合水平处于磨合阶段，阿坝藏族羌族自治州和甘孜藏族自治州的耦合水平处于拮抗状态；且此五市 / 州均位于长江经济带上游的最西侧，经济发展和交通建设没有建立较好的联系。2016 年的异常值城市有 6 个。其中，雅安市、凉山彝族自治州、迪庆藏族自治州和怒江傈僳族自治州的耦合水平处于磨合阶段，阿坝藏族羌族自治州和甘孜藏族自治州的耦合水平处于拮抗状态（图 6.6）。

经济－交通耦合协调度，指的是区域经济发展与交通运输用地利用之间的

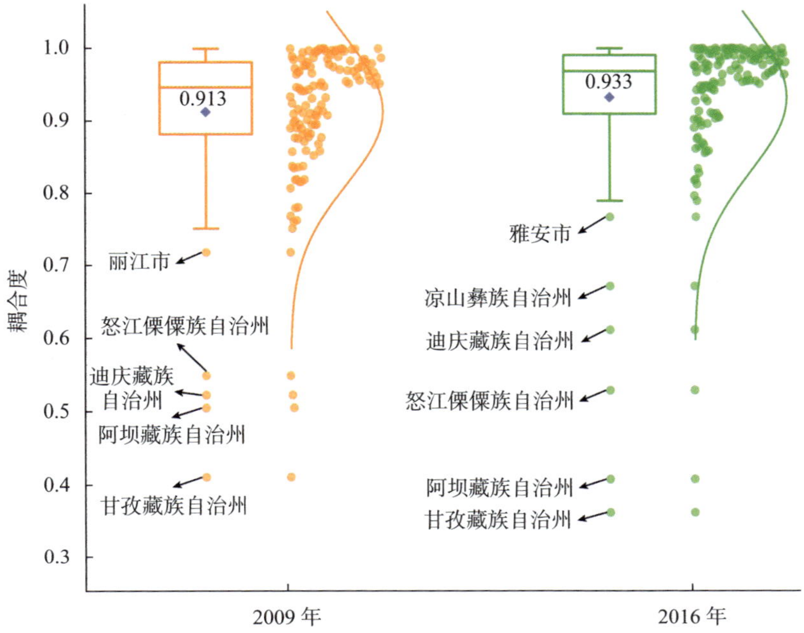

图 6.6　长江经济带城市经济－交通耦合度对比图

适应情况。本书将经济－交通耦合协调度划分为 4 个等级，分别是低、中、高和极协调。其中，高协调和极协调的经济－交通耦合协调度是城市发展所期望达到的。从 2016 年长江经济带耦合协调度的空间分布来看，长江下游地区、长江中游城市群和成渝城市群的经济－交通耦合协调度普遍较高；多数城市处于高协调状态；上海市和苏州市的耦合协调度处于极协调阶段，这些城市的经济发展和交通建设之间联系紧密、相互促进。这表明，经济发展水平高的区域，对于交通运输用地规划和利用更为高效（图 6.7）。此外，长江经济带超过半数城市的耦合协调度处于中协调阶段，且主要分布在长江中上游地区。这反映出长江经济带多数城市经济和交通之间已初步呈现协调发展态势。长江经济带只有甘孜藏族自治州、怒江傈僳族自治州、阿坝藏族羌族自治州和迪庆藏族自治州四个自治州的耦合协调度处于低协调阶段。考虑到长江经济带经济－交通耦合协调度处于高协调和极协调阶段的城市并不占多数，有必要进一步加强该区域交通运输用地规划和利用的合理性。通过合理的交通运输用地调整和经济发展规划的制定，使得长江经济带经济－交通耦合协调性能整体呈现高协调和极协调水平。

6.2.2.2　长江经济带各城市人口－交通耦合协调度分析

从长江经济带城市人口－交通两系统间的耦合度来看，2009 年和 2016 年多数城市的耦合度均超过 0.5。可见，多数城市的人口－交通发展处于同向的状态，

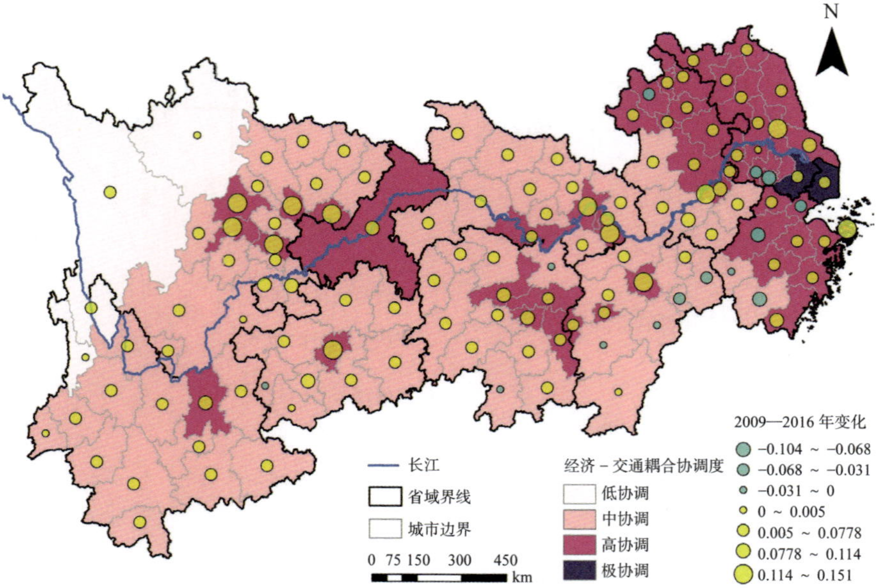

图 6.7 长江经济带城市经济－交通耦合协调度时空变化图

人口规模大的城市交通基础设施也相对完备，人口规模小的城市交通基础设施较为薄弱。从人口－交通耦合度的时间对比来看，2016 年长江经济带平均人口－交通耦合度高于 2009 年，且增长态势明显。这表明，长江经济带人口和交通两系统间同向发展的倾向愈发显著；且随着时间的推移，城市间的人口－交通耦合度差距在缩小。从箱线图的异常点来看，2009 年的异常值城市有迪庆藏族自治州、舟山市、阿坝藏族羌族自治州、怒江傈僳族自治州和甘孜藏族自治州，且此五市 / 州的耦合水平均处于拮抗状态。除了舟山市外，其他四自治州都位于长江经济带上游的最西部，人口规模和交通基础设施建设尚未形成较为紧密的联系。2016 年的异常值城市有 6 个。其中，昭通市和凉山彝族自治州的耦合水平处于磨合阶段，怒江傈僳族自治州、阿坝藏族羌族自治州、甘孜藏族自治州和舟山市的耦合水平处于拮抗状态（图 6.8）。值得注意的是，舟山市虽然地处长江三角洲城市群，但人口－交通耦合协调性却一直处于拮抗耦合状态，这主要因为舟山市是一个典型的港口城市，交通运输用地主要承载当地以港航物流为主导的经济发展，而非满足人类出行需求，这导致承载人类日常通勤和流动的陆路交通基础设施相对较为薄弱。

人口－交通耦合协调度，指的是区域人口状况与交通运输用地之间的适应情况。城市人口与交通基础设施相适应表明城市交通发展适度，能满足当前人口规模下的出行要求。从 2016 年长江经济带耦合协调度的空间分布来看，长江下游

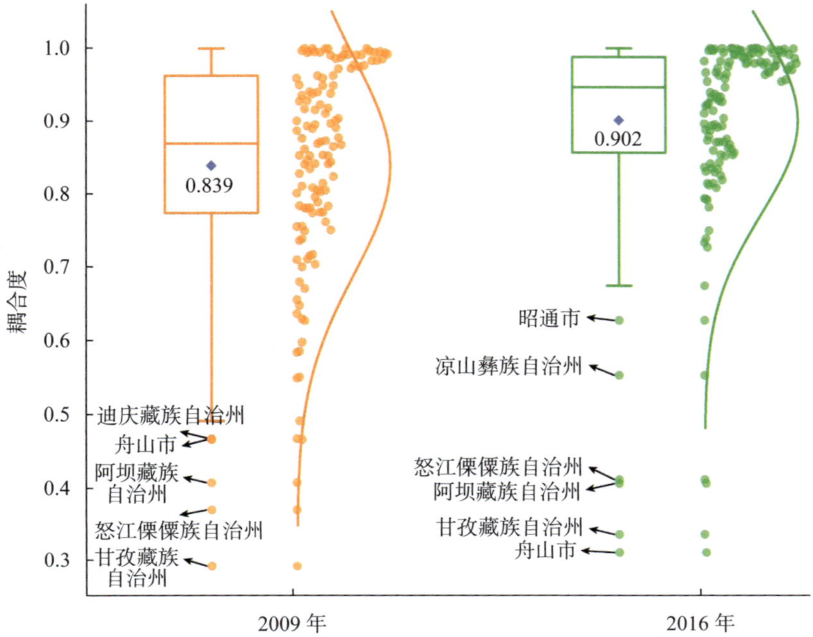

图 6.8　长江经济带城市人口 – 交通耦合度对比图

地区、长江中游城市群和成渝城市群的人口 – 交通耦合协调度普遍较高，多数城市处于高协调状态，上海市的耦合协调度处于极协调阶段，这些城市的人口规模扩张和交通建设之间联系紧密、相互促进。这表明，人口规模大的区域对于交通运输用地规划和利用更为高效（图 6.9）。此外，长江经济带有 64 个城市的耦合协调度处于中协调阶段，且主要分布在长江中上游地区。这反映出长江经济带多数城市人口和交通之间已初步呈现协调发展态势。长江经济带只有甘孜藏族自治州、怒江傈僳族自治州、阿坝藏族羌族自治州和迪庆藏族自治州和雅安市 5 个市 / 自治州的耦合协调度处于低协调阶段。考虑到长江经济带人口 – 交通耦合协调度处于高协调和极协调阶段的城市并不占半数，有必要进一步加强该区域交通运输用地规划和利用的合理性。通过合理的交通运输用地调整和人口发展规划的制定，努力使长江经济带人口 – 交通耦合协调性整体提升至高协调和极协调水平。

6.2.2.3　长江经济带各城市生态 – 交通耦合协调度分析

从长江经济带城市生态 – 交通两系统间的耦合度来看，2009 年和 2016 年多数城市的耦合度均超过 0.50。可见，多数城市的生态 – 交通处于同向发展的状态，生态环境状况较好的城市交通基础设施也相对完备，生态环境状况较差的城市交通基础设施较为薄弱。从生态 – 交通耦合度的时间对比来看，2016 年长江经济带平均生态 – 交通耦合度略高于 2009 年。这表明，长江经济带生态和交通

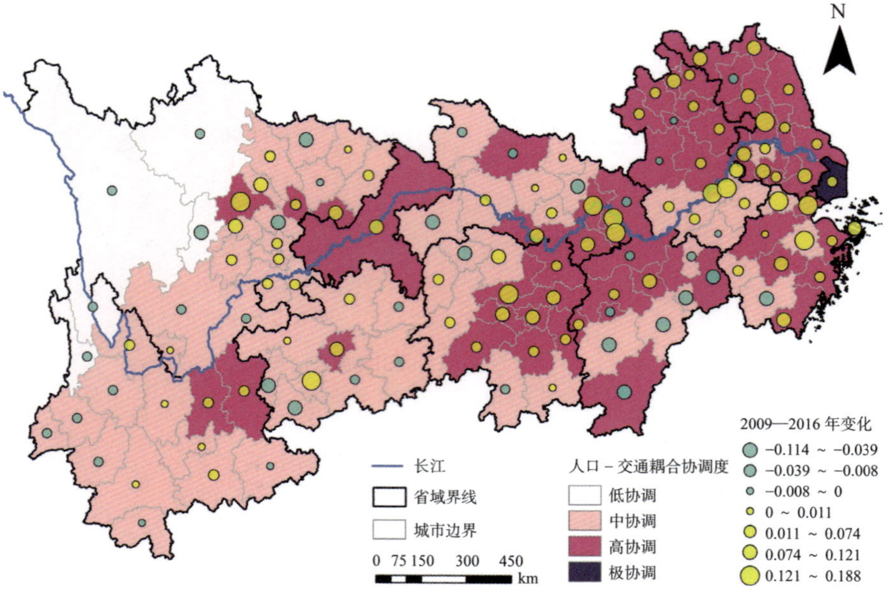

图 6.9　长江经济带城市人口－交通耦合协调性时空变化图

两系统间同向发展的倾向愈发显著，且随着时间的推移，城市间的人口－交通耦合度差距在缩小。从箱线图的异常点来看，2009 年的异常值城市有 6 个市 / 州。其中，丽江市的耦合水平处于磨合阶段，上海市、阿坝藏族羌族自治州、迪庆藏族自治州和怒江傈僳族自治州的耦合水平处于拮抗耦合状态，甘孜藏族自治州的耦合水平处于低水平耦合阶段。2016 年的异常值城市有 12 个市 / 州。其中，南京市、嘉兴市、凉山彝族自治州、武汉市、德宏傣族景颇族自治州、舟山市和临沧市的耦合水平处于磨合阶段，上海市、迪庆藏族自治州、阿坝藏族羌族自治州和怒江傈僳族自治州的耦合水平处于拮抗耦合阶段，甘孜藏族自治州的耦合水平处于低水平耦合阶段（图 6.10）。值得注意的是，部分省会级城市，如上海市、南京市和武汉市的生态－交通耦合水平较低，其主要原因是生态环境与经济发展之间存在环境库兹涅茨曲线关系，城市的经济发展和交通基础设施在发展初期会对生态环境质量产生负向影响，但当经济和交通运输发展到一定程度后，生态环境状况会逐步得到改善。

生态－交通耦合协调度，指的是区域生态环境状况与交通运输用地利用之间的适应情况。城市生态环境与交通基础设施建设之间的耦合协调性越高，表明城市交通的绿色发展水平越高，二者间的协调发展是实现可持续交通运输的重要环节。从 2016 年长江经济带耦合协调度的空间分布来看，长江下游的苏皖地区生态－交通耦合协调度普遍较高，多数城市处于高协调状态，这些城市的生态环境

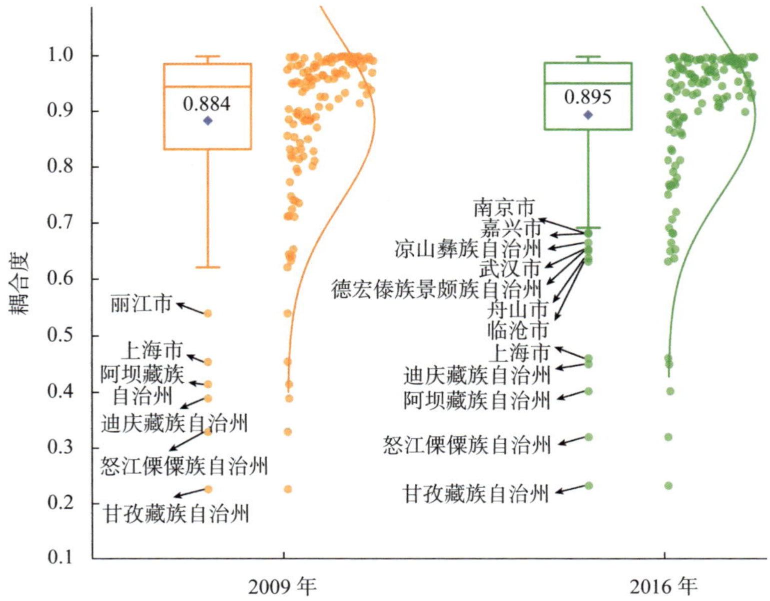

图 6.10　长江经济带城市生态 – 交通耦合度对比图

状况和交通建设之间协调发展，经济发展和交通基础设施建设对生态环境质量的负面影响较小（图 6.11）。此外，长江经济带有 98 个城市的耦合协调度处于中协调阶段，占长江经济带城市总量的近 80%，且主要分布在长江中上游地区。这反映出长江经济带多数城市生态环境和交通之间的协调发展水平较为一般。此外，中协调的城市内部存在差异，既包括交通基础设施薄弱但生态环境较好的上游城市（如凉山彝族自治州、西双版纳傣族自治州等），又包括交通基础设施相对完善但生态环境相对较差的中下游城市（如宁波市、武汉市等）。长江经济带只有阿坝藏族羌族自治州、甘孜藏族自治州、雅安市、怒江傈僳族自治州和十堰市 5 个市 / 自治州的耦合协调度处于低协调阶段。考虑到长江经济带生态 – 交通耦合协调度处于高协调和极协调阶段的城市并不多，有必要进一步加强该区域交通运输用地的优化配置。通过合理的交通运输用地规划和生态保护修复规划的制定，努力使长江经济带城市生态 – 交通耦合协调性整体提升至高协调和极协调水平。

6.2.2.4　长江经济带各城市经济 – 人口 – 生态 – 交通耦合协调度对比分析

综合经济、人口、生态与交通的耦合度，生成气泡图，对比长江经济带不同系统与交通运输用地利用间适应状况。由图 6.12 可得，长江经济带近 80% 城市的经济 – 交通耦合度、人口 – 交通耦合度和生态 – 交通耦合度都处于磨合阶段及以上，气泡集聚分布在（0.8，1）的区间内。这反映出长江经济带整体上经济、人口、生态与交通运输发展之间存在明显的关联性影响，经济发展好、人口规模

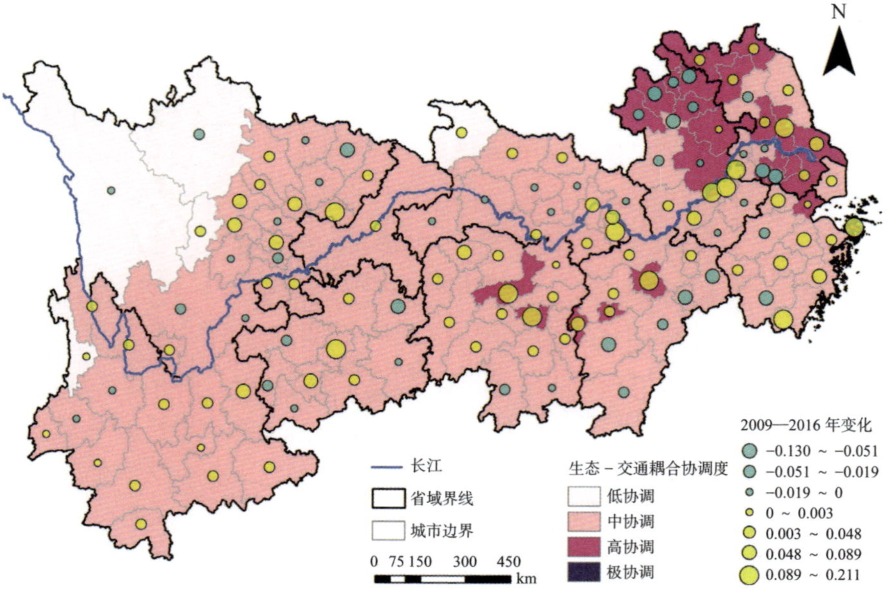

图 6.11　长江经济带城市生态－交通耦合协调性时空变化图

大、生态环境状况良好的城市普遍交通基础设施相对完备，交通运输用地利用较为合理。除了集聚分布的气泡外，有 6 个城市呈现出离散特征。其中，甘孜藏族自治州和阿坝藏族羌族自治州经济、人口、生态与交通之间的耦合水平都处于拮抗状态。舟山市的经济－交通耦合水平呈高水平耦合阶段，生态－交通耦合水平

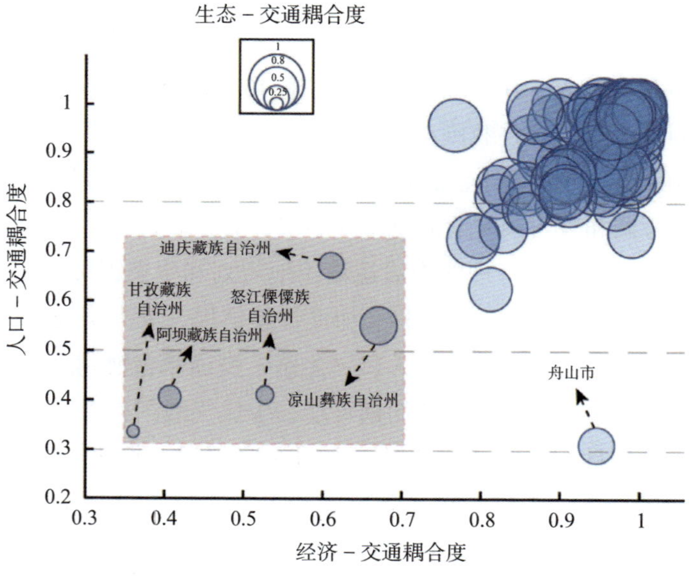

图 6.12　长江经济带各城市经济－人口－生态－交通耦合度示意图

呈磨合阶段，而人口－交通耦合水平呈拮抗耦合阶段。

综合经济、人口、生态与交通的耦合协调度，生成气泡图，对比长江经济带不同系统与交通运输用地利用系统间的协同发展状况。由图 6.13 可得，长江经济带经济－交通耦合协调度和人口－交通耦合协调度呈现明显的线性相关，且生态－交通耦合协调度普遍较低，多数城市处于中协调阶段。经济－交通耦合协调度和人口－交通耦合协调度较低的城市主要分布在长江上游地区，如甘孜藏族自治州、阿坝藏族羌族自治州、怒江傈僳族自治州、迪庆藏族自治州和雅安市等。经济－交通耦合协调度和人口－交通耦合协调度较高的城市主要分布在省会级城市和沿海大城市，如上海市、苏州市、南京市、武汉市、成都市、合肥市和长沙市等。此外，嘉兴市、常州市、徐州市、宿迁市、连云港市等长江下游地区的非省会城市发展较为均衡，经济、人口、生态与交通之间的耦合协调水平都处于高协调阶段，在未来的城市发展中，在保障经济发展、人口扩张和交通基础设施建设的同时，应加大生态环保的力度，维持并提升人口、经济、生态与交通的耦合协调水平。

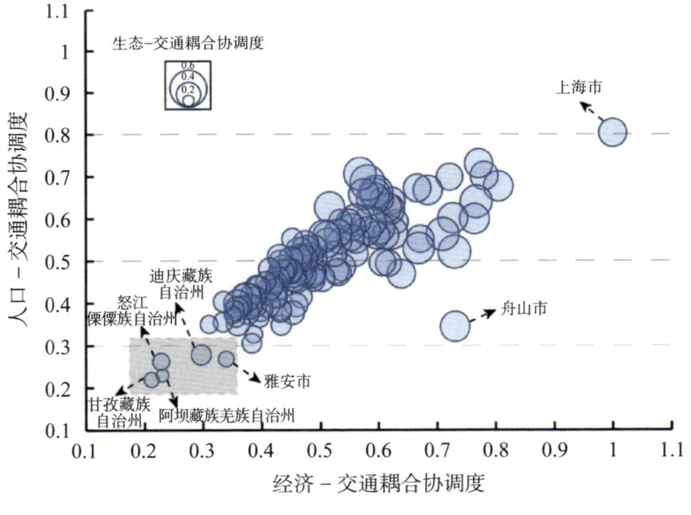

图 6.13　长江经济带各城市经济－人口－生态－交通耦合协调度示意图

6.2.3　长江经济带复合系统耦合协调时空变化分析

基于长江经济带 127 个地级行政单位的经济发展、人口规模、生态环境和交通运输用地利用现状，评估区域复合系统的耦合协调发展状况。从长江经济带复合系统耦合度的时空对比来看，2009 年和 2016 年多数城市的耦合度均超过 0.7。可见，多数城市的经济－人口－生态－交通处于同向发展的状态，经济发展好、人口规模大且生态环境状况较好的城市交通基础设施也相对完备，经济水平低、人口规模小且生态环境状况较差的城市交通基础设施较为薄弱。从复合系统耦合度的时间对比来看，2016 年长江经济带平均复合系统耦合度略高于 2009 年。这表明，长江经济带多系统间同向发展的倾向愈发显著，且随着时间的推移，城市间的复合系统耦合度差距在缩小。从箱线图的异常点来看，2009 年的异常值城市有 7 个市 / 州。其中，上海市、迪庆藏族自治州、阿坝藏族羌族自治州、嘉兴市、舟山市和怒江傈僳族自治州的耦合水平处于磨合阶段，甘孜藏族自治州的耦合水平处于拮抗耦合阶段。2016 年的异常值城市有 7 个市 / 州。其中，凉山彝族自治州、迪庆藏族自治州、上海市、阿坝藏族羌族自治州和怒江傈僳族自治州的耦合水平处于磨合阶段，舟山市和甘孜藏族自治州的耦合水平处于拮抗耦合阶段（图 6.14）。值得注意的是，上海市虽经济 – 交通和人口 – 交通耦合协调性较高，但复合系统的耦合协调性在长江经济带城市中排名靠后。这主要是因为上海市快速的经济发展、人口扩张和交通基础设施建设对生态环境造成较大压力，生态环境质量的下降拉低了上海市协调发展的水平。

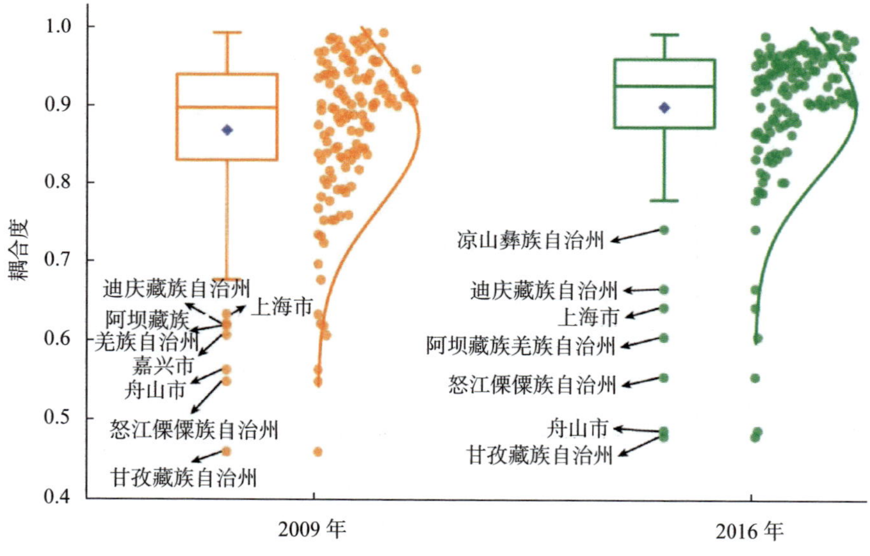

图 6.14　长江经济带城市复合系统耦合度对比图

经济 – 人口 – 生态 – 交通复合系统耦合协调度，指的是区域经济、人口、生态环境状况与交通运输用地利用之间的适应情况。复合系统的耦合协调度越高，表明城市交通的绿色协调发展水平越高，多系统间的协调发展是实现区域可持续交通运输用地利用的关键。2016 年，长江经济带复合系统耦合协调度均处于中协调和高协调状态。其中，中协调城市有 76 个，高协调城市有 51 个；没有城市复合系统耦合协调水平达到极高协调，也没有城市呈现低水平耦合协调。可见，当前长江经济带城市协同发展格局已经初具轮廓。从空间分布特征来看，长江下游地区和省会城市的复合系统耦合协调度普遍较高，多数城市处于高协调状态。这些城市已经较好地协调经济发展、人口扩张、交通基础设施建设和生态环境保护间的关系，城市的发展模式从单一的经济－人口效益导向型向高质量发展型转变。长江上游地区城市复合系统耦合协调度普遍处于中协调阶段，且2009—2016年，长江上游最西部城市的耦合协调度均呈现小幅下降。这表明，此类城市的发展速度低于长江经济带整体发展的速度（图6.15）。考虑到当前长江经济带复合系统耦合协调度处于高协调和极协调阶段的城市并不多，有必要进一步加强该区域交通运输用地的优化配置。通过合理的交通运输用地规划和经济发展、人口发展、生态环境保护修复规划的制定，努力使长江经济带经济－人口－生态－交通运输用地利用耦合协调性整体提升至高协调和极协调水平。

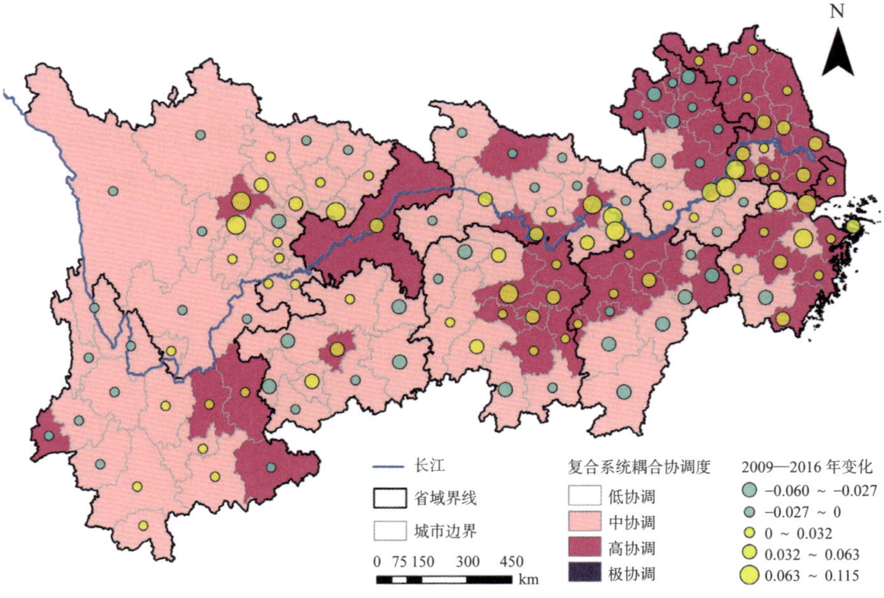

图 6.15　长江经济带城市复合系统耦合协调性时空变化图

6.3　小结

在区域尺度交通运输用地优化配置过程中，外部空间对特定空间的影响是必须要考虑的重要因素。本章从城市交通通达性和协调性两个方面分析长江经济带交通运输用地配置的外部性影响因素。城市交通通达性考虑城市与周边城市交通网络的联通程度，城市间交通网络联系越密切，城市通达性水平越高。而实现区域经济、人口、生态和交通运输用地利用之间的协调发展是外部影响的另一重要体现。本书通过耦合协调度模型评估长江经济带城市交通运输用地利用的协调发展状况。

（1）长江经济带城市交通通达性

为了从交通的外部性影响评估各城市的交通基础设施现状水平，本书通过计算长江经济带各城市的交通通达性来评估城市交通网络内外联通能力。长江经济带城市的交通通达性呈现明显的空间聚集特征，通达性较高的城市沿长江干流呈带状分布，干流两侧城市的交通通达性普遍较高。且省会级城市通达性高于其他地级市，呈现出以省会级城市为核心、交通通达性从核心向外围城市减弱的特征。

（2）长江经济带各城市交通运输用地协调性利用

交通运输与人口、经济和生态之间的协调发展程度是制定科学区域土地利用优化配置策略的前提，对区域土地的可持续利用具有重大意义。本书通过测度人口、经济、生态和交通运输系统之间的耦合协调度来评估交通运输用地利用的协调发展特征，从时空对比角度分析长江经济带交通运输用地利用的协调性发展状况。研究结果表明，长江经济带人口－经济－生态－交通复合系统耦合协调度处于高协调和极协调阶段的城市并不多，超过半数城市的耦合协调发展处于中等水平，有必要进一步加强该区域交通运输用地的优化配置。

7　长江经济带城市交通运输用地需求分析

经济新常态下，我国土地资源供需矛盾仍然存在。如何把有限的土地资源合理地分配给交通基础设施建设，是支撑我国建设交通强国的重要保障。交通基础设施的建设水平直接关系到城市发展的基础，摸清我国交通运输用地的需求情况，对于保障基础设施建设，提高基础设施用地供给的针对性和有效性，优化供地布局和结构，促进土地资源精准配置具有重要意义。定量化分析城市用地需求是开展区域交通运输用地优化配置的关键环节，可为决策者未来制定供地计划提供参考空间，提高区域土地供应效率。本章从明确思路、指标选取、模型构建、实证分析和结果验证五个层面，开展长江经济带城市交通运输用地的需求分析。

7.1　确定用地需求的具体思路

用地需求预测是合理制定区域尺度土地利用优化配置决策的重要环节，用地需求面积大小决定了城市交通运输用地配置的规模。预测交通运输用地需求面积的第一步，是确定影响交通运输用地需求的关键因素。为了尽可能避免指标选取的主观性，本书基于荟萃分析 (Meta-analysis) 的思想 [214]，制定了一套“泛选—筛选—精选”的影响因素确定流程。具体而言，本书首先通过文献归纳法，收集整理交通运输用地 / 交通基础设施相关文献资料，通过文献阅读提取文献内的关键信息，将影响交通运输用地需求的各类指标进行汇总。在此基础上，本书通过对汇总指标进行频数分析，初步筛选出影响交通运输用地需求的关键指标；并通过统计学方法（相关性分析和灰色关联度分析），进一步验证关键指标的合理性；最终，精选得到影响交通运输用地需求的关键因素。

在确定了影响交通运输用地需求关键因素的基础上，本书旨在通过构建自变量与因变量之间的复杂网络关系，并结合灰色理论和规划目标约束来预测未来长江经济带的交通运输用地需求面积。在此基础上，本书将预测结果与各尺度（国家、区域、省、市）已公布的交通发展战略规划 / 土地利用总体规划进行综合对比，从交通网络布局和用地增量变化两个角度进一步验证预测结果的合理性（图 7.1）。

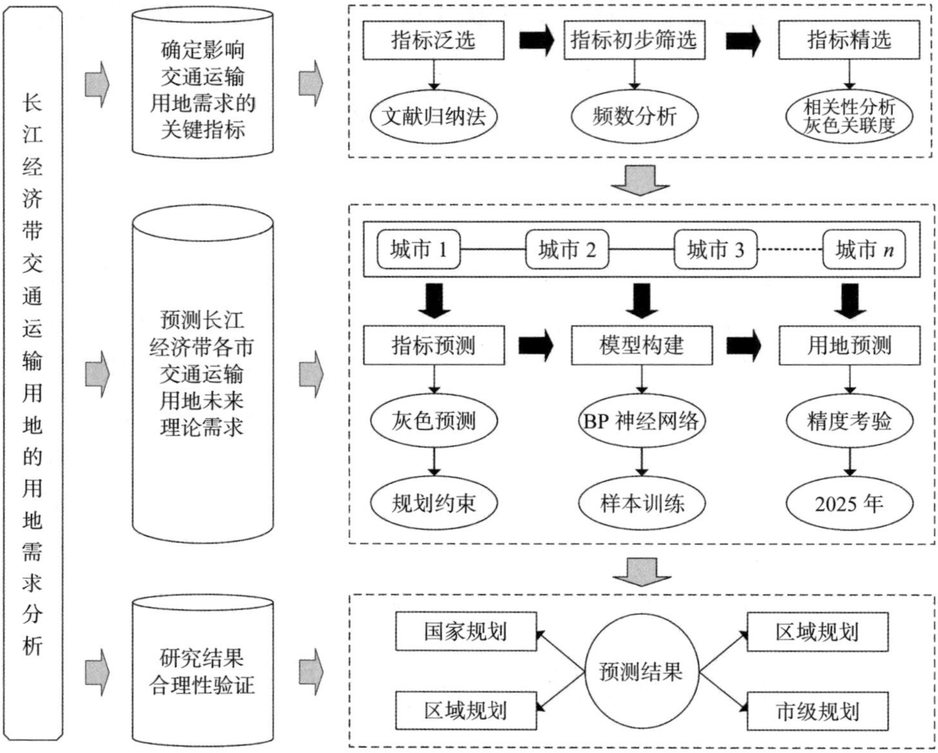

图 7.1　区域交通运输用地需求预测思路

7.2　影响交通运输用地需求的关键指标确定

7.2.1　影响指标筛选的流程和原则

在前期大量阅读文献的基础上，通过在 CNKI 和 Google Scholar 文献检索平台内筛选相关指标的中英关键词（交通 / 交通运输 / 交通网络 / 交通用地 / 交通运输用地 / 交通基础设施 + 影响因素 / 因子 / 指标）以获取初始基础资料，并通过对基础资料的深入阅读来获取参考文献中的有效信息，进而提炼出影响交通运输用地利用的定性或定量指标因子。通过频数分析法统计各项影响指标在文献中出现的次数，通过重要性排序来确定不同指标在交通运输用地需求预测中的影响程度，初步剔除频次较低的影响指标。再通过统计学方法（相关性分析和灰色关联分析），进一步对影响指标进行精选，将相关性显著且灰色关联度高的指标确定为影响交通运输用地需求量的关键影响因素（图 7.2）。

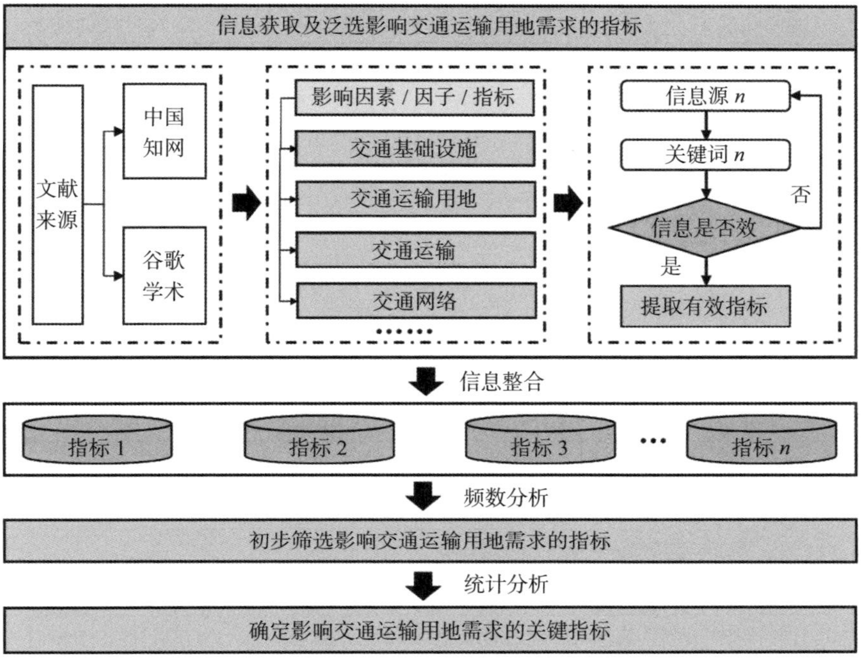

图 7.2　交通运输用地需求影响因素的筛选流程图

7.2.2　影响指标的泛选与搜集

通过文献检索，本书筛选出 64 篇有关交通运输用地 / 交通基础设施需求影响因素研究的中英文文献。其中，中文文献 43 篇，英文文献 21 篇。由于不同学者或不同国家对指标名称的提法有所差异，导致影响指标在整理汇总过程中存在不同指标间名称上的差异。因此，本书首先对相同含义或相近含义的指标进行合并，如将英文文献中提及的“income”与中文文献中的城镇居民可支配收入合并为一个指标，进而筛选得到影响交通运输用地需求的 45 个指标，建立泛选指标集（表 7.1）。基于泛选指标集的频数统计，本书绘制了频率分布直方图和累积频率分布更为直观地对比了指标频次的差异性。由图 7.3 可见，影响交通运输用地需求的关键指标包括国内生产总值（GDP）、总人口数、固定资产投资、城镇化率、城镇用地规模、工业总产值、城镇居民可支配收入、二、三产业增加值占 GDP 比例、从业人员数和社会消费品零售总额，指标频次超过 10。其中，GDP 的频次最高，可见经济发展和交通基础设施建设一直是学术界广泛热议的话题。而频次较低的指标除了一些可量化的影响指标外，还包含了少部分难以定量的影响指标，如区位、政策因素、心理因素、生态约束等。

表 7.1 交通运输用地需求影响指标泛选

指标名称	频数
GDP	42
总人口	28
固定资产投资	25
城镇化率	21
城镇用地规模	18
工业总产值	15
城镇居民可支配收入	13
二、三产业增加值占 GDP 比例、从业人员数、社会消费品零售总额	10
汽车保有量、人口密度、通勤时间、运输成本、产业结构	6
劳动力、生态约束、地方财政一般预算内收入、货运量、客运量、通车里程、就业率	5
职工平均工资、第二产业增加值、第三产业增加值	4
道路拥堵情况、第一产业增加值	3
出行方式、出行距离、区位、工业集约化程度、交通事故、平均学历、人口迁移、旅行需求	2
进出口贸易、农民人均纯收入、燃料价格、社会规范、生活质量、税收、消费者价格指数、住房、心理因素、政策因素	1

7.2.3 影响指标的精选

7.2.3.1 频数分析

通过文献资料的检索，泛选出影响交通运输用地 / 交通基础设施需求的多项指标，并在此基础上对各影响指标在检索文献中出现频次进行统计，绘制指标频次累积直方图（图 7.3）。将累计频率超过 60% 的指标初步定为影响交通运输用地需求的关键指标，包括 10 个关键影响因素：GDP、人口总量、固定资产投资额、城镇用地规模、城镇化率、工业总产值、城镇居民可支配收入、社会消费品零售总额、二、三产业增加值占 GDP 比例和二、三产从业人员数。

7.2.3.2 指标相关性分析

在频数分析的基础上，为了进一步验证本书指标选取的合理性和适用性，本书以长江经济带 127 个地级行政单位 2016 年各指标（交通运输用地规模及其关键影响因素）的截面数据为基础，开展各指标之间的相关关系分析，获取指标间的相关系数和显著性水平。X0 ~ X10 分别代表交通运输用地规模（X0）、GDP（X1）、人口总量（X2）、固定资产投资额（X3）、城镇用地规模（X4）、城镇化率（X5）、工业总产值（X6）、城镇居民可支配收入（X7）、社会消费品零售总额（X8）、二、三产业增加值占 GDP 比例（X9）和城镇从业人员数（X10）。由显著

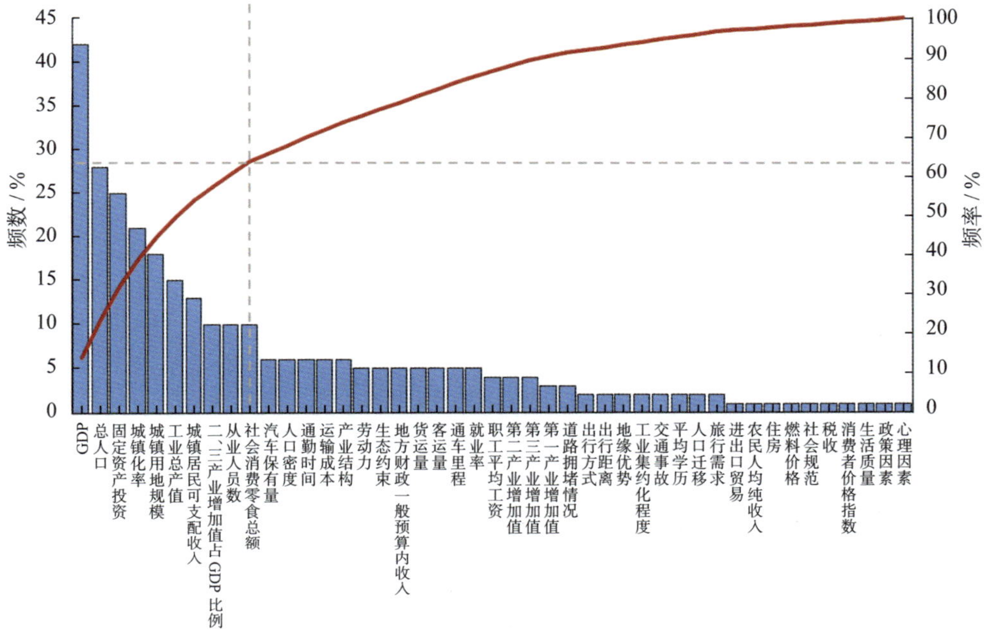

图 7.3 交通运输用地需求影响指标频数统计

性水平可知，除了固定资产投资额和城镇用地规模之间的关系在 0.05 的显著性水平下相关（$P<0.05$），其他的指标之间的关系都在 0.01 的显著性水平下相关（$P<0.01$）。可见，本书选取的影响指标与交通运输用地需求之间存在显著的线性关系。从相关系数来看，城镇用地规模与交通运输用地需求之间的线性关系最为紧密，相关系数超过 0.95；其次是城镇化率、工业总产值和城镇从业人员数，相关系数超过 0.6；GDP，固定资产投资和二、三产业增加值占 GDP 比例的相关系数超过 0.5。人口总量和城镇居民可支配收入与交通运输用地需求的相关系数相对较低，但整体依然呈现显著的正向线性相关（图 7.4）。

7.2.3.3 灰色关联分析法

本书在明确各影响指标与交通运输用地需求之间的相关关系后，采用灰色关联分析法（Grey Relation Analysis）对影响交通运输用地需求的重要因素开展进一步识别。灰色关联分析法是一种多因素的统计方法，通过对比因素间的变化趋势和分异大小来表征因素间是否存在联系，以及相互之间的联系程度，并提出了灰色关联度作为衡量因素间联系程度的定量指标[215]。灰色关联分析的基本步骤包括三个部分：第一，对研究所需因素的原始数据进行无量纲化处理；第二，计算因素间的灰色关联系数；第三，计算因素间的灰色关联度，并通过灰色关联度大小来对比分析因素间的联系程度。具体计算过程如下：

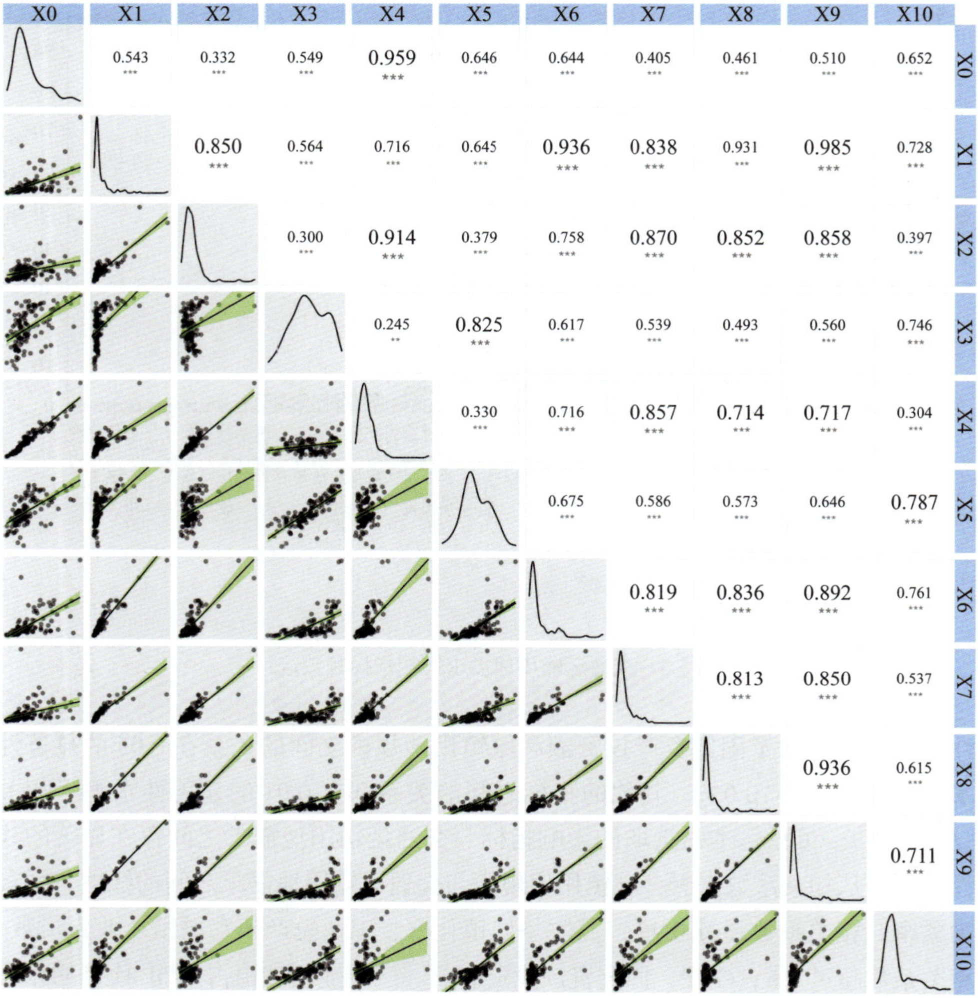

图 7.4　各指标相关系数

（1）确定参考数列和比较数列

根据本书的研究需求，将 2016 年长江经济带各城市交通运输用地规模设定为参考数列 $Y=\{Y(k)\mid k=1, 2, \cdots, n\}$，$k$ 代表城市数量，以反映系统的行为特征。将 GDP、人口总量、二、三产业产值占 GDP 比例、城镇用地规模、城市化率、工业总产值、固定资产投资、城镇从业人员数、社会消费品零售总额和城镇居民可支配收入设定为影响系统行为的比较数列 $X_i=\{X_i(k)\mid k=1, 2, \cdots, n\}$，$i$ 代表自变量的个数。

（2）对参考数列和比较数列进行无量纲化处理

由于参考数列和比较数列代表不同的社会经济行为，导致因素间存在量纲的差异，因而无法统一展开对比分析。为了消除量纲差异对分析结果的影响，本书通过无量纲处理消除各因素在计量单位上的差异。在灰色关联分析中，初值化、最小值化、最大值化、均值化是常用的数据无量纲化方法。本书应用初值化方法对各因素的原始数据进行无量纲化处理，公式如下：

$$X_i^{'}=\frac{X_i}{x_i(1)}=[x_i^{'}(1),\ x_i^{'}(2),\ \cdots,\ x_i^{'}(n)] \tag{7.1}$$

（3）计算参考序列与比较序列的灰色关联系数

$$\varepsilon_i(k)=\frac{\min i\min k|y(k)-x_i(k)|+\rho\max i\max k|y(k)-x_i(k)|}{|y(k)-x_i(k)|+\rho\max i\max k|y(k)-x_i(k)|} \tag{7.2}$$

式中：$y(k)$为经无量纲化后参考序列中的对应数值；$x_i(k)$为经无量纲化后比较序列中的对应数值；ρ为分辨系数，一般在0～1的区间内，通常取0.5。

（4）灰色关联度计算

$$r_i=\frac{1}{n}\sum_{k=1}^{n}\varepsilon_i(k),\ k=1,\ 2,\ \cdots,\ n \tag{7.3}$$

通过 Matlab 编写计算代码来计算影响因子与交通运输用地的灰色关联度。灰色关联分析结果，如表 7.2 所示。依据计算结果，影响因素的灰色关联度从大到小依次是：固定资产投资（X7）＞人口总量（X2）＞城镇用地规模（X4）＞工业总产值（X6）＞社会消费品零售总额（X9）＞GDP（X1）＞城镇从业人员人数（X8）＞城镇居民可支配收入（X10）＞城市化率（X5）＞二、三产业占 GDP 比值（X3）。通常来说，若因素间的灰色关联度超过 0.8，则二者间具有较高的关联性；若因素间的灰色关联度在 0.5 和 0.8 之间，则二者间具有一定的关联性；若因素间的灰色关联度小于 0.5，则二者间基本没有关联性。通过结果对比，本书选取的 10 个影响因素与交通运输用地需求之间的灰色关联度都大于 0.5，这也侧面反映了通过上述章节筛选到的关键影响因素的科学性。此外，除了二、三产业占 GDP 比值以外，其他影响因素与交通运输用地需求量的灰色关联度均＞0.8。考虑到二、三产业占 GDP 比值的灰色关联度相对较低，且该指标与 GDP 存在一定重合，又由于上文提到所有行业部门都与交通运输部门存在投入产出的联系，GDP 能更好地反应不同城市对交通运输部门的实际需求。因此，本书确定固定资产投资、人口总量、城镇用地规模、工业总产值、社会消费品零售总额、GDP、城镇从业人员人数、城镇居民可支配收入和城市化率九项指标作为后续构建交通运输用地需求模型的关键影响因素。

表 7.2 长江经济带城市各影响因子与交通运输用地需求灰色关联度表

指标名称	灰色关联度	指标描述
GDP（X1）	0.85529	城市生产总值当年价
人口总量（X2）	0.89608	城市常住人口
二、三产业占 GDP 比值（X3）	0.67864	
城镇用地规模（X4）	0.88750	城镇建设用地面积
城市化率（X5）	0.80576	城镇人口 / 总人口
工业总产值（X6）	0.87040	
固定资产投资（X7）	0.90119	
城镇从业人员人数（X8）	0.85312	
社会消费品零售总额（X9）	0.85628	
城镇居民可支配收入（X10）	0.83050	

7.3 长江经济带交通运输用地需求模型构建

7.3.1 目标优化下的灰色 –BP 神经网络用地需求预测模型

BP 神经网络模型（Back Propagation Neutral Network）是一种按照误差逆向传播算法训练的多层前向型神经网络，是当前各研究领域广泛应用的神经网络模型之一。BP 神经网络由输入层、隐含层和输出层三个神经元层次构成，通过信号正逆向传播调节误差信息。BP 神经网络模型由于可以通过样本训练进行重复学习以及限定误差大小的输出机制，使得其在非线性预测方面具有较强的适用性和较高的精度[216]。然而，由于用地需求预测涉及社会系统和经济系统的多个方面，致使非线性的预测结果无法精准反映用地需求的关键驱动因素，以及各因素间的作用机理。而将灰色系统理论引入 BP 神经网络分析中，可以更好地识别用地需求的驱动因素。此外，灰色系统理论更加适应数据时间序列短、样本量少、信息贫乏的制约，能较为准确地预测社会经济指标在短期内的变化[217]。

充分理解 BP 神经网络和灰色理论在数据预测上的优势，本书将两个模型理论有机结合起来，并充分考虑城市现实发展目标的约束，综合构建了规划目标约束下的灰色 –BP 神经网络预测模型（图 7.5）。

本书首先通过灰色关联分析法识别出影响交通用地需求量变化的主要社会经济因素，然后以识别的主要社会经济因素作为输入层单元，交通运输用地需求量作为输出层单元构建起 BP 神经网络系统；同时，以相关历史数据对网络系统进行仿真训练，不断调整隐含层神经元数量等参数使得仿真结果达到最优。最后，

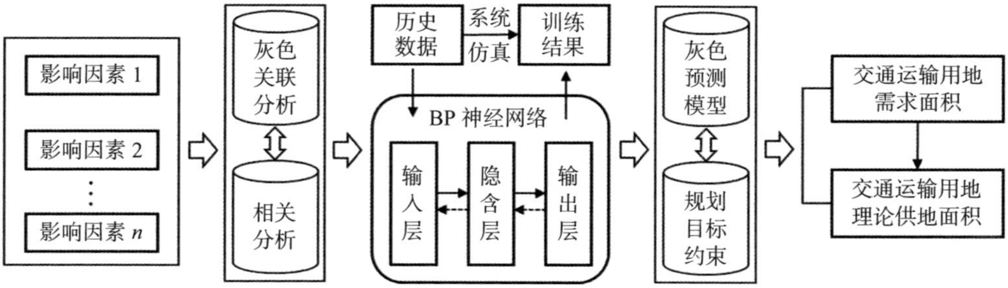

图 7.5　目标优化下的灰色 –BP 神经网络用地需求预测模型框架

通过灰色预测模型预测所需年期主要社会经济因素的期望值，并通过官方已发布规划（五年规划、城市总体规划、国土空间规划等）的目标值对灰色预测的期望值进行约束，并以此作为输入层单元代入模型中最终得到所需交通运输用地需求量的结果。BP 神经网络模型及灰色预测模型的主要计算过程和公式如下。

（1）BP 神经网络模型

BP 神经网络通过输入层、输出层之间的非线性函数相互作用得到输出量，然后再通过计算输出值和期望值之间的误差不断改变权值和阈值，最终使误差达到训练目标。其计算步骤和公式如下。

1）网络初始化：取（−1，1）间的随机数赋值给各层之间的连接权值，设定误差函数 $f(x)$，给定计算精度 ε 和最大学习次数 M。

$$f(x)=\frac{1}{2}\sum_{j=1}^{n}(y_i-y_j^{'})^2 \tag{7.4}$$

式中：n 代表输出节点；y_i 代表实际输出值；$y_j^{'}$ 代表目标输出值。

2）权值修正：由给定的输入样本和输出期望计算隐含层和输出层各单元输出，并利用实际输出、期望输出值以及误差函数修正各层连接权值。

$$\Delta\omega_{ij}=\eta\times\frac{\partial_{\varepsilon}}{\partial_{\omega_{ij}}}=\eta\times\frac{\partial_{\varepsilon}}{\partial_{I_j}}\times\frac{\partial_{I_j}}{\partial_{\omega_{ij}}} \tag{7.5}$$

式中：ω_{ij} 为输出层 i 节点到 j 节点的连接权值；η 为学习效率值；I_j 是第 j 个隐含层的传输函数。

输出层到隐含层为 tansig 型函数，隐含层到输出层为 trainlm 型函数。

3）判断训练是否终止：当 BP 神经网络的误差达到预期目标时，或者达到最大学习次数时，退出训练。否则，返回第二步继续训练。

（2）灰色预测模型

本书选取 GM（1，1）模型开展灰色预测研究，其计算步骤和公式如下。

1）对预测数据序列通过累加处理的方式，生成一组趋势明显的新数据序列 $x^{(0)}(1)$，$x^{(0)}(2)$，…，$x^{(0)}(M)$。

2）构建数据矩阵 B：

$$B=\begin{cases} -\frac{1}{2}[x^{(1)}(1)+x^{(1)}(2)] & 1 \\ -\frac{1}{2}[x^{(2)}(1)+x^{(1)}(3)] & 1 \\ -\frac{1}{2}[x^{(M-1)}(1)+x^{(1)}(M)] & 1 \end{cases} \tag{7.6}$$

3）通过累加数列建立微分方程：

$$\frac{\mathrm{d}x(1)}{\mathrm{d}t}+ax^{(1)}=u \tag{7.7}$$

$$\begin{bmatrix} a \\ u \end{bmatrix}=(B^T B)^{-1}B^T Y_M \tag{7.8}$$

$$Y_M=[x^{(0)}(2),\ x^{(0)}(3),\ \cdots,\ x^{(0)}(M)]^T \tag{7.9}$$

式中：a 和 u 为辨识函数，可用最小二乘法进行计算；Y_M 为列向量。

4）得到灰色预测方程：

$$x^{(t+1)}(1)=\left[x^{(0)}(1)-\frac{a}{u}\right]x(1)e^u t+\frac{a}{u} \tag{7.10}$$

5）灰色预测模型的精度检验：

灰色预测模型结果可通过方差比 C 以及小误差概率 P 判断其精度等级。一般而言，当预测结果的 $C<0.5$ 且 $P>0.8$，则预测结果的精度等级达到了二级以上，说明预测结果具备较高的可信度。计算公式如下：

$$C=S_1/S_0 \tag{7.11}$$

$$P=P(|\varepsilon^{(0)}(k)-\bar{\varepsilon}^{(0)}|<0.6745S_0) \tag{7.12}$$

式中：S_0 表示原始序列的方差；S_1 表示残差的方差；$\varepsilon^{(0)}$ 表示残差。

7.3.2 用地需求预测模型实证研究——以上海市为例

为了阐述用地需求预测模型的具体过程，本书选取长江经济带“龙头”城市上海市为例，详细阐述城市尺度交通运输用地面积需求预测的全过程，并将该用地需求预测过程应用到长江经济带其他城市，获取各城市 2025 年的理论交通运输用地需求面积。基于 7.2 节影响交通运输用地影响指标的筛选，本书以 GDP、人口总量、固定资产投资额、城镇用地规模、城镇化率、工业总产值、固定资产投资、城镇从业人员数、社会消费品零售总额和城镇居民可支配收入九个关键影响因素作为输入神经元，以上海市 2009—2016 年的统计数据作为训练样本，基于 MATLAB R2014a 编写 BP 神经网络仿真预测代码，最大训练次数为 5000，最小训练速率为 0.05；经过反复调试，当隐含层为 12 时，模型的最佳验证性能是 0.00000598。样本数据仿真结果，见表 7.3。根据训练的 BP 神经网络得到的仿真结果，仿真值与实际值的相对误差较小，平均误差为 0.00206，这表明应用灰色 -BP 神经网络模型来预测未来城市交通运输用地需求是科学的。

通过现有规划目标的约束和灰色预测模型，计算各影响指标 2025 年的预测值。其中，2025 年 GDP 目标值来源于《上海市国民经济和社会发展第十四个五年规划和二〇三五年远景目标纲要》，人口总量和城镇用地规模约束值参考最新发布的《上海市城市总体规划（2017—2035 年）》，其他影响指标通过灰色预测模型得到预测值。在此基础上，将影响指标的预测值 / 规划值代入已构建的神经网络仿真模型，预测上海市 2025 年的交通运输用地理论需求面积（表 7.4）。

表 7.3　BP 神经网络样本仿真预测结果表

年份	2009	2010	2011	2012	2013	2014	2015	2016
X1	15742.4	17915.4	20009.7	21305.6	23204.1	25269.8	26887.0	29887.0
X2	2210.28	2302.66	2347.46	2380.43	2415.15	2425.68	2415.27	2419.7
X3	2932	2987.33	3042	3082	3110	3138	3156.67	3166. 67
X4	0.883	0.893	0.893	0.893	0.896	0.896	0.876	0.879
X5	24888.1	31038.6	33834.4	33186.4	33899.4	34071.2	33211.6	33079.7
X6	5273.33	5317.67	5067.09	5254.38	5647.79	6016.43	6352.7	6755.88
X7	385.41	392.87	497.32	555.70	619.00	730.46	722.88	627.78
X8	5213.11	6186.58	7185.83	7840.4	8556.96	9303.49	10131.5	10946.57
X9	28838	31838	36230	40188	43851	47710	52962	57692
X0	0.0634	0.0641	0.0660	0.0666	0.0694	0.0697	0.0701	0.0705
训练输出	0.0635	0.0643	0.0658	0.0669	0.0695	0.0697	0.0701	0.0707
相对误差	0.00158	0.00312	0.00303	0.00450	0.00144	0	0	0.00284

注：X0 ~ X9 分别代表交通运输用地占比、GDP、人口、城镇用地规模、城市化率、工业总产值、固定资产投资、城镇从业人员数、社会消费品零售总额和城镇居民可支配收入。

表 7.4　上海市交通运输用地需求及相关影响因素预测

指标	2025 年预测值	预测方法 / 约束条件
GDP	51131.78	“十四五”规划目标
人口	2500	城市总体规划约束
城镇用地规模	3200	城市总体规划约束
城市化率	0.90	灰色预测
工业总产值	39136	灰色预测
固定资产投资	10265.15	灰色预测
城镇从业人员数	1053.80	“十四五”规划目标
社会消费品零售总额	23572	灰色预测
城镇居民可支配收入	136882.40	灰色预测
交通运输用地面积	463.49	基于目标约束和灰色预测的 BP 神经网络

7.4　长江经济带城市交通运输用地需求预测结果分析

基于构建目标优化下的灰色 –BP 神经网络用地需求预测模型，本书逐一对 2025 年长江经济带城市交通运输用地进行预测，结合交通运输用地现状数据，得到 2016—2025 年长江经济带 127 个地级行政单位的交通运输用地面积增量和占比变化情况（图 7.6）。从城市交通运输用地面积需求变化的对比来看，面积需求较高的城市多分布于长江中上游地区核心城市群（成渝城市群、长江中游城市群、黔中城市群和滇中城市群），这反映出长江经济带交通基础设施的建设重点正在逐步向中上游地区转移。但为了满足经济发展和人口增长的需求，长江下游地区部分城市的交通运输用地面积依然保持较高的增量。交通运输用地面积需求量排名前十位的城市分别是重庆市（118.50 平方千米）、遵义市（82.57 平方千米）、长沙市（66.90 平方千米）、金华市（49.17 平方千米）、黔南布依族苗族自治州（46.77 平方千米）、南昌市（46.19 平方千米）、盐城市（42.67 平方千米）、成都市（41.93 平方千米）、毕节市（41.11 平方千米）和九江市（39.09 平方千米）。重庆市作为交通运输用地需求面积最大的城市，一方面取决于该市庞大的行政区面积；另一方面，表现在该市在近 10 年来交通基础设施建设力度逐渐加强，立体交通网络已初步形成，但该市的战略地位、经济地位都要求该市进一步加强交通基础设施的建设，提高交通运输效率，以满足其当前和未来快速发展的需求。用地需求较低的城市主要集中在长江上游地区的川西和云南。这些城市交通基础设施薄弱，缓慢的经济发展和稀疏的人口无法拉动当地交通基础设施建设，且这些城市多处于我国重点生态功能区，肩负更为艰巨的生态安全保障的任务。交通运输用地面积需求量排名后十位的城市分别是怒江傈僳族自治州（3.15 平方千米）、张家界市（3.83 平方千米）、鄂州市（3.91 平方千米）、永州市（4.01 平方千米）、舟山市（4.30 平方千米）、攀枝花市（4.67 平方千米）、镇江市（4.77 平方千米）、西双版纳傣族自治州（5.06 平方千米）、黄山市（5.08 平方千米）和景德镇市（5.12 平方千米）。

就 2016—2025 年交通运输用地占比增量而言，长江下游地区占比增量增长更为显著，呈空间聚集分布，尤其在长江三角洲城市群交通运输用地面积占比增长更为突出。此外，长江中上游部分城市已经呈现交通运输用地规模的快速增长，占比增量较高的城市集中在长江中游城市群、成渝城市群以及贵州省。交通运输用地面积占比增量排名前十位的城市分别是铜陵市、南昌市、长沙市、南京市、马鞍山市、无锡市、金华市、武汉市、贵阳市和淮北市。面积占比增量较低的城市主要集中在长江上游地区的市 / 州。这些城市普遍经济落后且人口规模小，是整个长江经济带发展水平落后的城市，缓慢的城市发展进程难以在短期带动交通基础设施的投资，进而对交通运输用地的需求较低。综合对比长江经济带城市交通运输用地面积需求，可以发现交通基础设施建设与区域经济发展水平和自然地理位置有着莫大的联系，长江中上游城市相对下游城市而言，经济发展水平低，除云贵川地区部分城市因其战略交通规划决定其成为交通网络的节点外，其他上游城市比起下游城市交通基础设施完备度较低，是未来构建长江经济带立体交通网络的重点建设区。

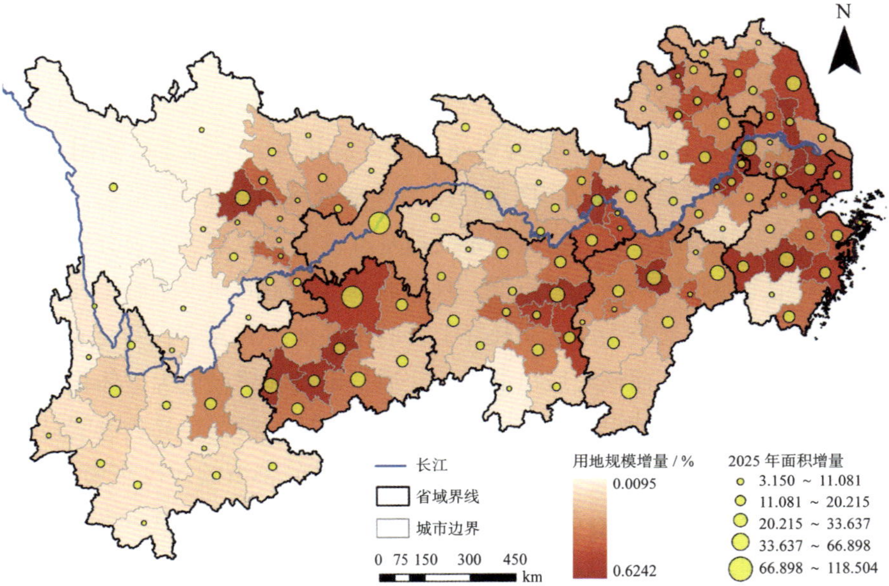

图 7.6　长江经济带城市交通运输用地需求预测（2025 年）

7.5 模型结果合理性验证分析

7.5.1 交通运输用地需求合理性验证思路

为了证明本书所构建的交通运输用地需求预测模型结果的适用性和合理性，本书以现有官方发布的相关规划加以佐证。我国虽然没有制定过关于长江经济带区域土地利用的总体规划，但近年来我国已经在交通建设领域开展多个战略规划。本书综合参考了近年国务院印发的《"十三五"现代综合交通运输体系发展规划》和《长江经济带综合立体交通走廊规划（2014—2020 年)》，将现有交通网络战略规划图与本书所得交通运输用地理论需求图进行空间叠加分析。通过空间比对战略规划重点区与本书预测需求面积增量显著区的匹配关系，以验证本书结果的合理性。此外，长江经济带多数城市的土地利用总体规划（2006—2020 年）提供了基期（2006 年）和远期（2020 年）城市交通运输用地的规划面积，这也成为辅助验证本研究确定的交通运输用地理论需求面积合理性的重要依据。由于最新土地利用总体规划截至 2020 年，本书无法直接通过面积规模开展对比分析。因此，本书通过规划面积（2020 年）与需求预测面积（2025 年）的相对增量和空间分布特征展开对比分析，同样可以反映长江经济带交通运输用地面积需求的规模差异和空间特征。

7.5.2 基于国家交通战略规划验证用地需求预测的合理性

本书对"十三五"现代综合交通运输体系发展规划和长江经济带综合立体交通走廊规划（2014—2020 年）中的高速公路规划建设示意图、铁路规划示意图、民用运输机场规划建设示意图和内河高等级航道规划建设示意图以及民用运输机场规划布局示意图（2030 年）进行空间矢量化，并将其与交通运输用地的理论需求面积及其占比增量空间分布图进行空间叠加分析。由图 7.7 可见，无论是公路、铁路、水运还是航空，长江经济带交通基础设施建设重点主要分布在长江下游地区以及中上游地区的核心城市群，且交通基础设施的建设重心正在向长江中上游地区偏移。分交通类型而言，长江上游的川西地区和云南省的交通建设重点以布局公路网络为主，而核心城市群内的交通基础设施建设更为立体化，呈现出陆—水—空交通立体化建设。此外，长江中上游地区的机场布局数量明显高于下游地区。综合而言，无论是从总体的建设重心还是分类型的建设布局进行对比，本书的研究结果与国家和地方政府发布的交通网络规划布局较为一致。

具体到城市来说，交通运输用地面积需求最大的重庆市，"十三五"规划期间预计在交通建设领域投资超过 4000 亿元，各类交通基础设施投入了较大的建设力度。根据公开发布的规划，重庆市“十三五”期间稳步推进高铁建设五年行动方案，高铁在建里程超过 800 千米；新开工建设的高速公路超过 1700 千米，高速公路网密度稳居长江上游城市第一；注重航道升级，“十三五”期间预计三级以上高等级航道里程突破 1100 千米；预计投用江北机场第三跑道，建成巫山、武隆机场，形成覆盖国内所有大中城市、通达全球主要枢纽城市的“一大四小”的民用运输机场网络格局。综合考虑交通运输用地的面积需求和占比，长江中游的南昌市和长沙市是交通运输用地面积和规模增量最高的两个城市，这和国家交通战略规划部署较为契合。“十三五”期间，有多条公路和铁路在这两个城市规划建设，包括华常高速（长沙段）、望岳高速、长益高速复线、南昌南外环高速公路、浩吉铁路、长株潭城际铁路等。怒江傈僳族自治州是交通运输用地面积需求最小的城市，且用地规模增量也位居末位。“十三五”期间，该州仅规划新增一个民用运输机场“怒江六库机场”，以及一条高速公路“保泸高速公路”。虽然“十三五”期间，我国交通建设进程已经打破了怒江州没有民用运输机场和高速公路的历史，但由于自然本底条件的限制和基础设施投资的不足，各类交通基础设施依然十分薄弱，且州内尚未建设通车一条铁路。

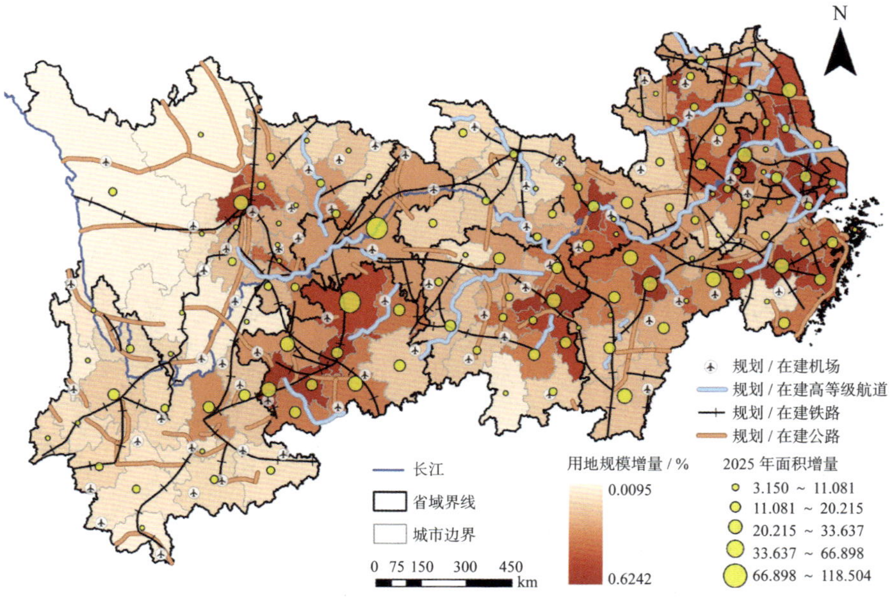

图 7.7　基于战略规划的城市交通运输用地理论需求合理性验证示意图

7.5.3　基于土地利用总体规划验证用地需求预测的合理性

本书通过政府网站搜集长江经济带各城市公开的土地利用总体规划，对各市基期年（2005 年）和目标年（2020 年）的交通运输用地面积进行汇总，得到不同城市交通运输用地的实际规划面积及占比的对比情况。值得注意的是，由于超过半数城市的土地利用总体规划中没有单独列出交通运输用地面积的基期和目标值，本书选取交通水利用地作为替代，且用地规划数据截至2020年。因此，无法从用地面积绝对量的对比来验证本书结果的合理性，但同样可以通过空间分布特征的对比来展现预测结果与规划结果的一致性。根据公开发布规划的可获取性和完整性，本书整理得到长江经济带100个城市的土地利用规划数据，并展开规划面积和增量与本书预测结果之间的对比分析。

由图7.8可得，2020年长江经济带城市交通运输用地面积增量最高的依然是重庆市，且上海市、成都市、武汉市、南昌市、贵阳市、长沙市、昆明市、合肥市、南京市等省会城市交通运输用地面积增量位居前列，雅安市、新余市、阿坝藏族羌族自治州、巴中市、自贡市、邵阳市、广元市等长江上游的四五线城市交通运输用地面积增量位居末位，这与本书预测结果的整体排序基本一致。此外，用地面积增量的空间格局同样与本书的预测结果较为一致。除了少部分长江下游地区城市交通运输用地面积需求较高外，长江中上游地区部分城市展现出较高的用地需求，尤其是直辖市、省会城市以及各省发展的副中心城市。从交通运输用地占比增量来看，政府规划结果与本书预测结果整体保持一致。长江下游地区占比增量增长显著且呈空间聚集分布，长江中上游部分城市呈现交通运输用地规模的快速增长。占比增量增长较慢的城市主要集中在经济相对落后且人口规模较小的川西地区。

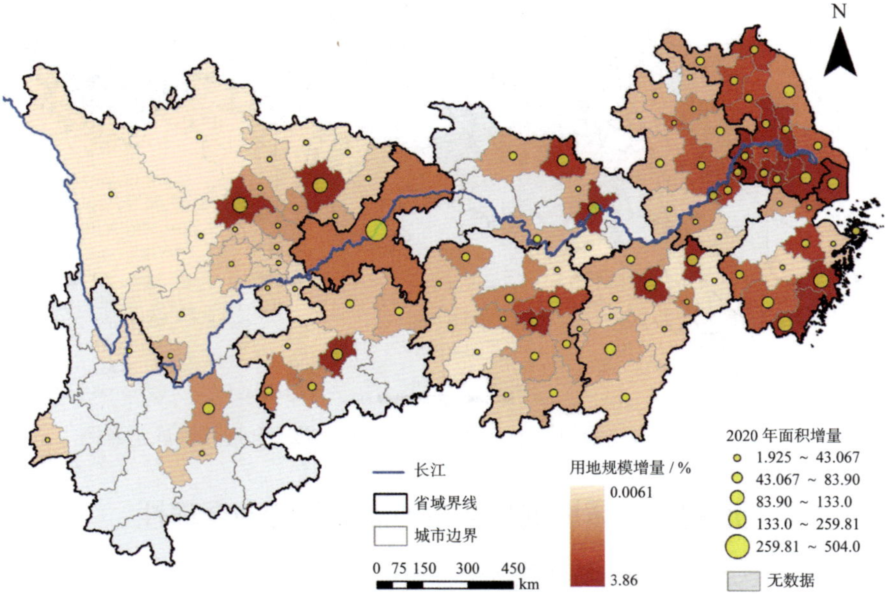

图 7.8　基于土地利用总体规划城市交通运输用地理论需求合理性验证示意图

7.6 小结

本章通过文献资料整理影响交通运输用地需求的相关指标，采用文献计量法、相关分析法和灰色关联法筛选出影响交通运输用地需求的关键性指标，并通过构建规划目标约束下的灰色 -BP 神经网络交通运输用地需求预测模型，来探讨长江经济带城市交通运输用地的理论需求面积，并基于国家战略交通规划和土地利用总体规划对预测结果进行合理性验证，旨在从用地需求规模（面积）角度开展土地资源优化配置研究，为提出长江经济带交通运输用地配置建议与对策提供支撑。

（1）影响交通运输用地需求的关键指标

在大量文献资料收集的基础上，本书通过频数分析法统计各项影响指标在文献中出现的次数，初步剔除频次较低的影响指标。再通过统计学方法（相关性分析和灰色关联分析），进一步对影响指标进行精选，将相关性显著且灰色关联度高的指标确定为影响交通运输用地需求量的关键影响因素。研究结果表明，固定资产投资、人口总量、城镇用地规模、工业总产值、社会消费品零售总额、GDP、城镇从业人员人数、城镇居民可支配收入和城市化率九项指标是影响交通运输用地需求的关键影响因素。

（2）长江经济带城市交通运输用地需求预测

基于构建的规划目标约束下的灰色 -BP 神经网络用地需求预测模型，本书逐一对长江经济带城市交通运输用地进行预测，得到 2025 年长江经济带 127 个地级行政单位的交通运输用地需求面积。研究结果表明，交通运输用地面积需求较高的城市多分布于长江中上游地区。这反映出长江经济带交通基础设施的建设重点正在逐步向中上游地区转移，但为了满足经济发展和人口增长的需求，长江下游地区部分城市的交通运输用地面积依然保持较高的增量。

（3）交通运输用地需求预测结果合理性验证

基于国家公开发布的交通战略发展规划中的交通网络规划图，以及各市土地利用总体规划中交通运输用地面积基准值和目标值，本书将得到的交通运输用地需求预测值及其空间分布特征与现有规划资料进行对比，以期验证本书用地需求预测结果的合理性。研究结果表明，无论是国家发布的交通网络规划，还是各市制定的土地利用总体规划，本书预测得到的用地需求高的城市多为未来国家交通基础设施重点建设城市，且土地利用规划的用地增量空间格局与本书预测结果的空间格局较为一致。

8 长江经济带交通运输用地配置策略及指导意义

长江经济带作为我国重大国家战略发展区域，横跨我国东、中、西三大区域，是具有全球影响力的内河经济带、东中西互动合作的协调发展带、沿海沿江沿边全面推进的对内对外开放带，也是生态文明建设的先行示范带。长江经济带在交通运输上拥有得天独厚的区位优势，形成了以长江黄金水道为依托，水路、铁路、公路、民航等多种运输方式协同发展的综合交通网络。长江经济带秉承“生态优先、流域互动、集约发展”的空间布局思路，这要求长江经济带交通运输用地的优化配置要多维考虑、统筹全局。本章基于对长江经济带交通运输用地供需现况的初步认知，结合本书第 5、6、7 章开展的交通运输用地配置内部性和外部性影响因素分析以及用地需求预测的研究成果，根据分类分级的思想，为长江经济带城市交通运输用地提供次序鲜明、类型明确、规模合理的配置策略。

8.1 长江经济带交通运输用地配置思路

在区域交通运输用地优化配置过程中，本书综合考虑各市对交通运输部门的依赖程度、城市间交通网络联通程度，以及生态、经济、人口与交通运输用地的协调程度，从满足城市主导产业发展需求、加快区域网络化建设、促进区域协调可持续发展三个角度，包含了城市发展的内生动力和外部作用两个方面，来确定区域交通运输用地配置的时空优先次序。在交通运输用地指标有限的约束下，决策者和规划者应着眼于对交通运输部门依赖性较高的城市（城市主导产业发展迫切之需），城市交通网络通达性较差的城市（区域网络化建设薄弱环节），以及交通运输用地利用协调性较弱的城市（区域协调可持续发展障碍所在），此类城市应优先配置交通运输用地。在明确交通运输用地配置时空优先次序的基础上，结合各城市的交通主导性判定各城市交通运输用地配置的优先类型，提高用地配置的针对性。在明确了区域交通运输用地配置的时空和用途因素的基础上，基于各市对交通运输用地的实际需求及其主要影响因素，预测得到各市在未来的潜在用地需求面积。

因此，基于本章的研究，首先可以明确长江经济带哪些城市应该优先配置交通运输用地，区域内分次序、分城市的交通运输用地配置体现了资源配置的时间和空间的差异性，即从土地资源配置的时空角度来开展区域交通运输用地配置，提升区域交通运输用地的配置效率。其次，可以明确长江经济带不同城市优先配置什么类型的交通运输用地，即从土地资源配置的类型（用途）角度开展区域交通运输用地配置，以充分发挥公路、铁路、水运和航空四种运输方式的自身特点，因地制宜地满足城市的交通运输需求。最后，可以明确长江经济带各市的交通运输用地需求规模，即从土地资源配置的面积（规模）角度，开展区域交通运输用地配置，支撑交通基础设施的有序建设。本书以资源配置理论为基础，以打造区域一体化综合立体交通走廊为目标，区域交通运输用地配置思路将“保量”和“提效”相结合，将用地配置的“优先级”“类型”和“规模”相结合，既满足了城市生产、生活的需求，又满足了生态文明建设的需求，是一套完整性较高、科学性较强的区域交通运输用地优化配置思路（图 8.1）。

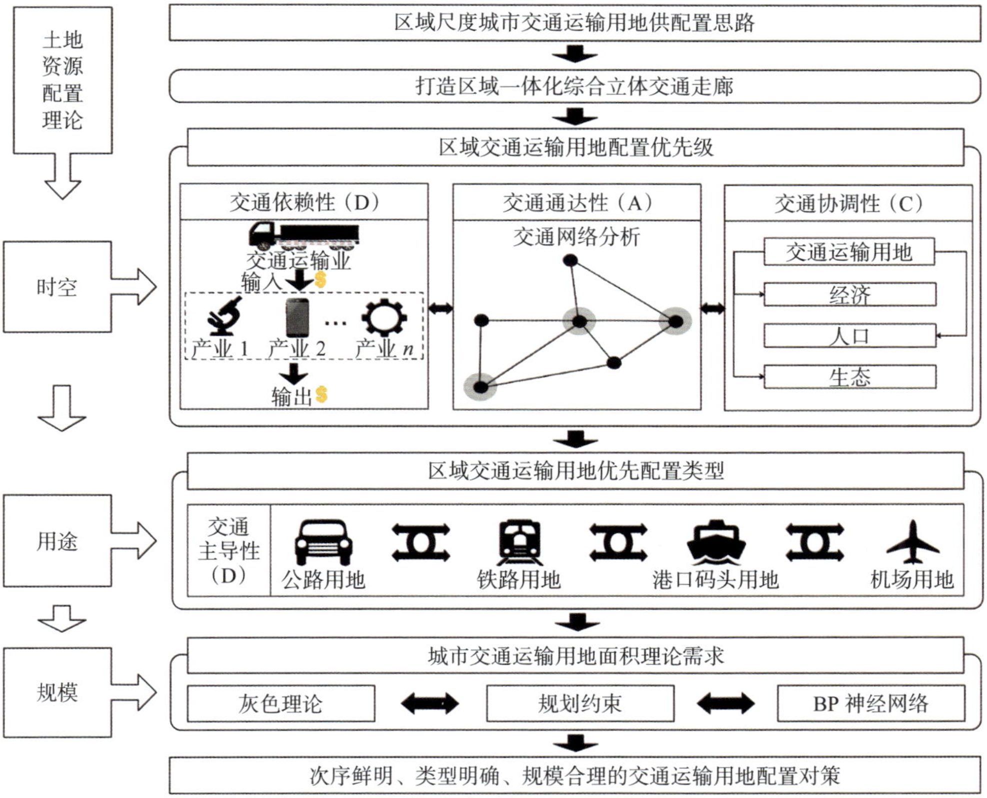

图 8.1　长江经济带交通运输用地配置决策流程图

8.2 长江经济带交通运输用地配置策略

8.2.1 长江经济带交通运输用地配置优先级综合评估

综合长江经济带城市交通依赖性、通达性和协调性的量化评估结果，本书对此三类交通发展状况评估值进行无量纲化处理，并进行等权相加，得到不同城市交通发展状况的综合评估值，并根据评估值大小顺序确定长江经济带城市交通运输用地配置优先级（图 8.2）。从空间分布来看，交通运输用地配置优先级较高的城市多分布在长江中上游地区，长江下游地区及省会城市普遍配置优先级较低。交通运输用地配置优先级的大小，取决于城市的交通基础设施现状、主导及战略新兴产业的发展方向，以及城市协调发展情况。长江经济带交通运输用地配置优先级前十位的城市分别是舟山市、迪庆藏族自治州、阿坝藏族羌族自治州、十堰市、张家界市、黄山市、攀枝花市、景德镇市、丽水市和甘孜藏族自治州。前十位城市中，有 4 个城市位于长江上游地区，3 个城市位于中游地区和 3 个城市位于下游地区。长江中下游地区用地配置优先级较高的城市普遍产业发展对交通运输业的依赖度较高，交通基础设施相对薄弱且交通运输用地利用相对失调；长江上游地区优先级较高的城市主要目标是，通过交通运输用地配置缓和当前交通运输能力不足的现状，通过交通基础设施的建设拉动上游城市与中下游城市的网络化联系和经济合作。值得注意的是，舟山市作为长江经济带的“龙眼”、21 世纪海上丝绸之路重要交通枢纽，虽水运发达，但陆路运输相对薄弱，与其他长江三

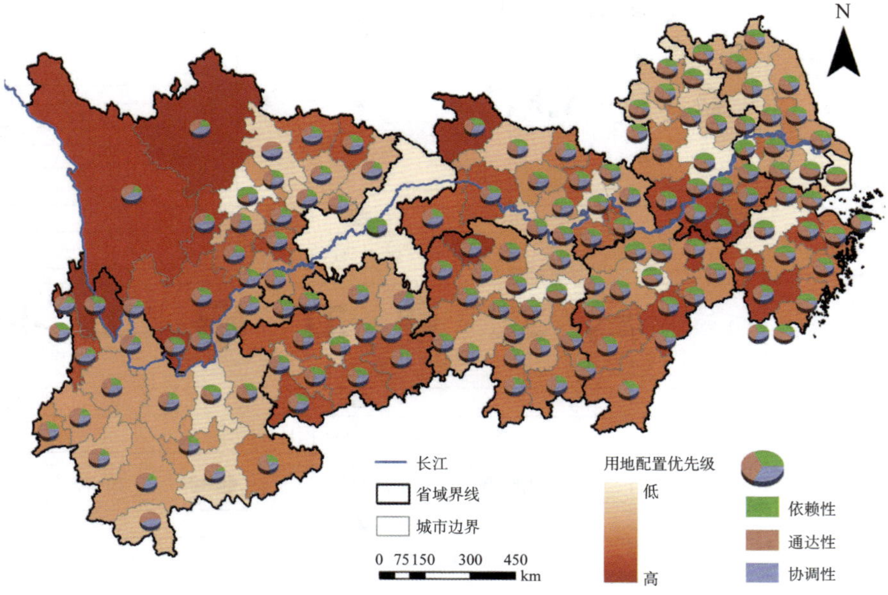

图 8.2 长江经济带交通运输用地配置优先级示意图

角洲城市联系较弱，且肩负海洋生态安全保障的重要责任，因而交通运输用地配置优先级高且倾向“内联外畅”综合交通体系建设，应将舟山市的海运优势通过长江经济带黄金水道和陆路网络通道辐射到其他城市。

长江经济带交通运输用地配置优先级排名后十位的城市分别是重庆市、南京市、成都市、上海市、杭州市、长沙市、合肥市、苏州市、南昌市和宿州市。排名后十位城市中，多数城市为直辖市、省会城市及部分长江下游城市。这些城市经济发展水平高、产业结构合理、且交通基础设施相对完备。在长江经济带高质量、协同发展战略的指导下，此类城市应充分发挥自身优势，拉动其周边城市的建设发展，将更多的机会带给发展相对薄弱的城市。因此，交通基础设施相对完备的城市的交通运输用地配置优先级相对较低，其周边城市的用地配置优先级反而相对较高，这充分展现了区域核心城市对周边城市发展建设的辐射带动作用，加快长江经济带协调一体化发展，弱化城市间交通基础设施建设的失衡。此外，由于用地配置优先级较低的城市普遍拥有较为完备的交通运输网络和较高的城市发展水平，满足自身主导产业和战略新兴产业的发展需求成为此类城市增加交通运输用地配置的关键因素。

8.2.2 长江经济带交通运输用地优先配置类型分析

城市对交通运输方式的偏好影响了用地配置类型的选择。基于长江经济带交通主导方式判定结果，得到各城市交通运输用地的优先配置类型。由图 8.3 可得，长江经济带超过半数的城市交通运输用地配置主导类型单一，近期任务主要以构建公路网络为主，而德阳市、宣城市、淮南市、新余市和萍乡市等城市更加注重铁路网络的构建，努力打造成为区域铁路枢纽重要节点。优先配置公路用地和铁路用地的城市包括曲靖市、乐山市、攀枝花市、上饶市和怀化市。这些城市分布在长江中上游地区，是中上游地区的重要铁路节点城市。优先配置公路用地和机场用地的城市包括常州市、扬州市、淮安市、盐城市、台州市、黄山市、张家界市、毕节市、吉安市、景德镇市、南充市、绵阳市、阿坝藏族羌族自治州、丽江市、保山市、德宏傣族景颇族自治州和西双版纳傣族自治州。这些城市主要分布在长江中上游地区，由于区位条件的限制，公路和铁路建设需要投入更多的人力、物力以及带来更大的生态消耗，反而航空运输成为更加高效便捷的交通运输方式。优先配置公路用地和港口码头用地的城市包括苏州市、泰州市、镇江市、嘉兴市、湖州市、安庆市、滁州市、芜湖市、蚌埠市、马鞍山市、荆州市、黄石市、岳阳市和昭通市。这些城市多分布在长江干流沿线，具有良好的发展内河航运的区位优势。

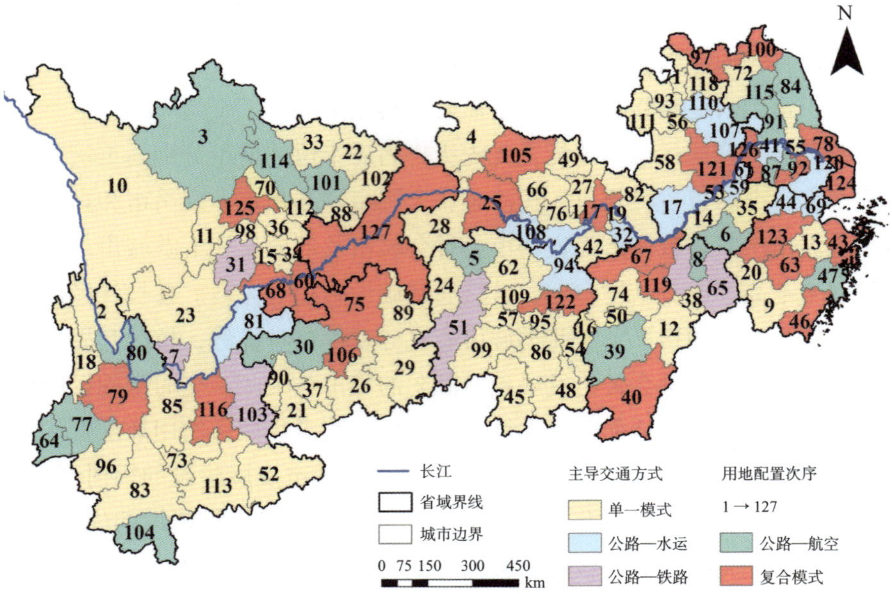

图 8.3 长江经济带交通运输用地优先配置类型示意图

超过两种主导交通类型的复合配置型城市主要分布在长江三角洲城市群、长江中游城市群、成渝城市群，以及其他省域的核心发展区（如滇中城市群、黔中城市群等）。这些城市由于发展起步早，普遍交通基础设施建设较为完善，且这些城市均为我国重要的交通枢纽城市。其中，优先混合配置公路、铁路和机场三种交通运输用地类型的城市包括金华市、赣州市、襄阳市、成都市、贵阳市、遵义市、昆明市和大理白族自治州。优先混合配置公路、机场和港口码头三种交通运输用地类型的城市包括无锡市、南通市、连云港市、温州市、舟山市、泸州市和九江市。以公、铁、水、空四种交通运输用地配置类型为主导的城市包括上海市、南京市、徐州市、杭州市、宁波市、合肥市、南昌市、武汉市、宜昌市、长沙市、重庆市和宜宾市。其中，上海市、武汉市和重庆市已经被我国列为中心城市，而南京市、杭州市和长沙市也在以成为国家中心城市为发展目标。此类城市的交通发展目标是构建综合立体交通走廊，因此交通运输用地的配置类型更加多元化。

8.2.3 长江经济带交通运输用地配置综合决策建议

叠加用地配置优先级、优先类型以及用地需求面积空间分布图，得到长江经济带城市交通运输用地综合优化配置决策图（图 8.4）和决策意见表（见附录），旨在为长江经济带提供一套次序鲜明、类型明确、规模合理的交通运输用地配置对策建议。通过对决策图的判读分析，决策者和规划者可以清楚地认知长江经济带哪些城市急需配置交通运输用地，应该主要配置什么类型的交通运输用地，以及需要配置多大规模的交通运输用地。具体到研究结果，用地配置优先级排名前十位的城市中，除了舟山市目标发展水陆空立体交通网络，其他城市的交通基础设施建设依然处于起步阶段，交通建设在短期内难以满足自身发展需求的目标，主导交通方式相对较为单一。迪庆藏族自治州、甘孜藏族自治州、十堰市和丽水市的用地配置类型以公路用地为主，阿坝藏族羌族自治州、张家界市、景德镇市和黄山市的用地配置类型以公路用地和机场用地为主，攀枝花市的用地配置类型以公路用地和铁路用地为主。此外，交通运输用地配置优先级排名靠前的城市，在短期内普遍对交通运输用地的潜在需求相对较低，这主要是因为此类城市在短期内的用地配置目标是改善城市交通基础设施的薄弱，通过优先配置交通运输用地刺激当地产业经济发展，在城市交通基础设施逐渐完善的过程中，交通运输用地配置面积将有所提升。交通运输用地配置优先级排名靠后的城市用地配置类型更为多元，此类城市往往已经形成较为完备的交通基础设施体系，城市交通基础设施建设目标关注于立体交通网络的构建，且由于强力的产业经济发展和体量以及人口的扩张和迁入拉动对交通运输的需求，导致用地配置优先级较低的城市反而对交通运输用地的需求面积相对更高。

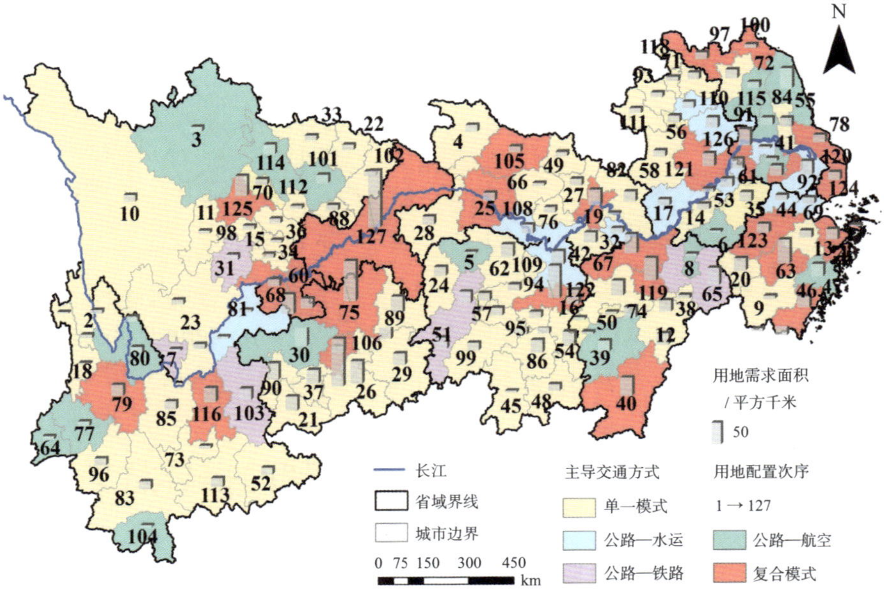

图 8.4　长江经济带交通运输用地配置综合决策

8.3 长江经济带交通运输用地配置决策规律

通过对比长江经济带各城市的交通运输用地配置对策建议，得到区域尺度交通运输发展过程中的用地配置决策规律。由图 8.5 可以更加直观地发现，长江经济带交通运输用地配置优先级较低的城市往往配置类型更加多元，且交通运输用地需求面积普遍较高。这些城市多为区域发展的核心城市，交通基础设施建设从满足自身发展需求转变为构建综合立体交通网络，串联其他城市协同发展，如长江上游地区的重要交通枢纽重庆市和成都市。随着用地配置优先级的增长，城市的配置类型变得复杂多样，既有单一交通主导型城市，又有公路—航空、公路—铁路、公路—水运主导型城市，还有复合主导型城市。此阶段为交通运输发展的过渡期，各城市根据自身发展需求及建设条件来合理建设交通体系，交通运输用地需求也存在明显差异。随着用地配置优先级的进一步增长，城市交通发展处于起步阶段，城市交通基础设施相对薄弱，但由于自身发展体量较小致使城市短期内对交通运输用地需求相对较低，且由于自身区位因素的限制，交通基础设施建设类型单一，如长江上游地区的甘孜藏族自治州、迪庆藏族自治州、凉山彝族自治州等。

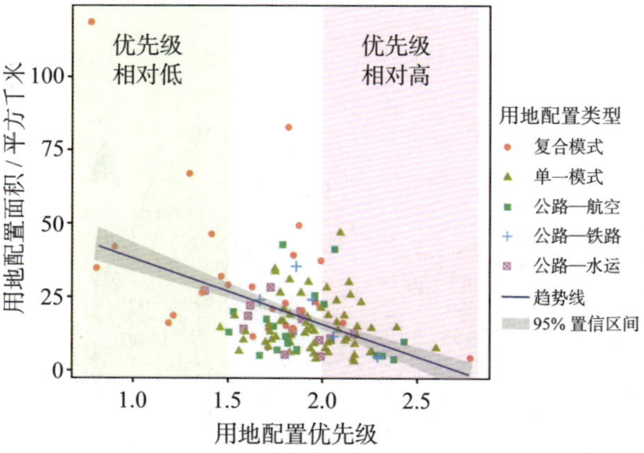

(a) 用地配置散点图

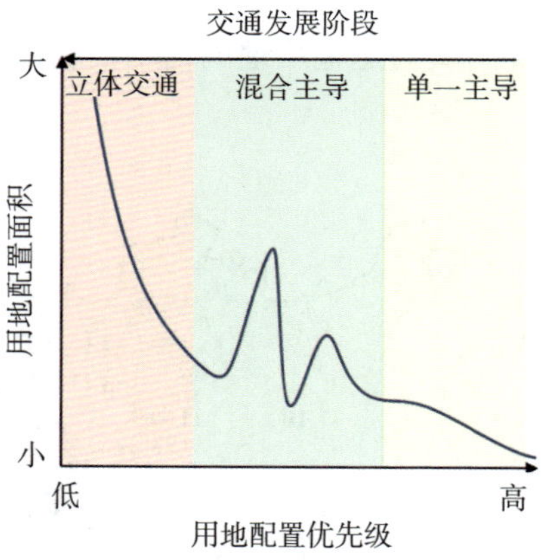

(b) 用地配置规律曲线

图 8.5 长江经济带交通运输用地配置决策规律示意图

8.4 区域尺度交通运输用地配置框架的指导意义

综合长江经济带城市交通运输用地配置的研究成果，本书旨在将典型区域的用地配置思路广泛应用到我国不同区域尺度交通运输用地配置对策的制定当中，为不同区域开展交通运输用地优化配置提供理论基础和实证参考。此外，随着我国国土空间规划体系建设的大力推进，“多规合一”成为大势所趋，其是优化空间布局、合理配置资源、提升政府管控水平和治理能力的必然选择。土地利用规划作为“多规”的重要组成，合理开展各类土地资源的优化配置是国土空间规划的关键环节。通过构建区域尺度交通运输用地配置政策指导框架，可为特定区域（如长江经济带、黄河流域等）国土空间规划中基于土地利用视角的交通规划篇章的描绘和编制奠定相对完整的理论基础、技术方法和政策指引，旨在通过本政策指导框架为区域国土空间规划“用地篇”和“交通篇”提供科学的、管用的、可操作的交通运输用地配置决策“底图”。

本书拟从目标、方向和决策三个层级探讨区域交通运输用地配置综合决策框架。就目标层而言，制定合理的区域交通运输用地配置对策是当前管理者的共同出发点，也是保障我国土地资源高效利用的关键路径。在目标层的指引下，本书建议决策者应从交通运输用地配置的内部性因素、外部性因素和需求性因素三个角度，以“适应发展、强化联系、提高效率、保证供应量”为方向，提出区域交通运输用地配置时需要综合考虑的多个方面（图 8.6）。具体而言，交通运输用地配置的重要内生驱动力，是为了满足城市主导产业和战略新兴产业的发展。交通基础设施作为各行业发展的承载平台，其完备程度极大影响着地方产业发展方向和潜力。由于不同产业的发展对交通运输的需求程度和运输方式偏好存在差异，所以要求决策者在区域尺度开展用地配置时，应该较为准确地识别出哪些城市对交通运输需求程度更高，以及更适宜配置何种类型的交通运输用地。

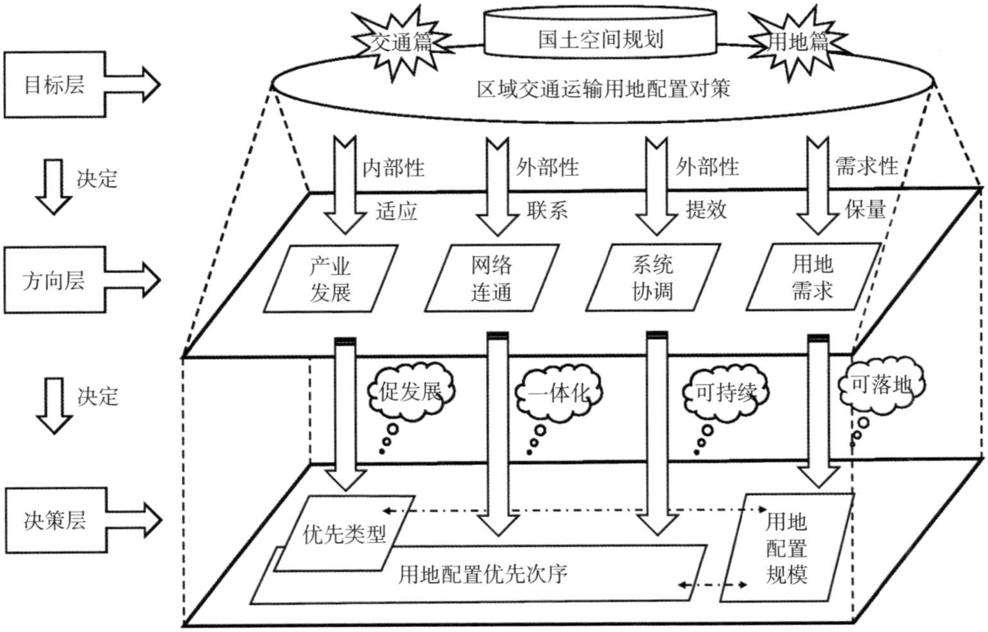

图 8.6　区域交通运输用地配置的政策指导框架图

在区域协同一体化发展的大趋势下，区域城市交通网络外部性联系的加强，串联了区域城市间产业的发展，促进了区域内产业的分工合作，逐渐消除因行政区划带来的各种形式的壁垒，以区域交通一体化建设带动区域产业一体化建设。因此，在区域交通运输用地配置过程中，决策者应将区域交通网络连通性薄弱的城市列为交通设施重点建设的对象，以此来更好地推进区域城市间的协同合作、互利共赢。此外，决策者在制定区域交通运输用地配置对策时，应考虑的另一重要外部性因素是城市间多系统的协调发展水平。区域土地系统与人口、经济、生态系统间的协调发展，是实现区域土地可持续利用的基本路径。从区域尺度探索城市间各要素协调发展水平的差异，可以识别出用地规模相对薄弱的城市，为区域城市土地资源配置的时空优先级的确定提供支撑。决策者应重点关注协调发展水平较差的城市，以合理的土地资源配置作为均衡各要素发展的手段。在明晰区域交通运输用地配置内外部性影响因素的基础上，确定用地需求是保障交通运输用地规模的定量化支撑，也是进行区域交通运输用地合理配置的保障。决策者在确定用地需求时，应综合考虑影响交通运输需求的多项关键因素，并采用合理的数理模型开展预测，确保有足够的交通运输资源来支撑城市在未来一定时期内的快速发展。

在方向层的指引下，建议决策者从用地配置优先次序、用地配置优先类型和用地配置规模三个层面开展区域尺度交通运输用地配置对策的制定，以“次序鲜明、类型明确、规模合理”的交通运输用地配置决策底图服务于国土空间规划的编制，提升区域国土空间规划“用地篇”的针对性、合理性和高效性，也为国土空间规划“交通篇”提供可开发用地的基础保障。具体到对国土空间规划的实际指导过程而言，优先次序可以指引决策者针对交通基础设施薄弱且交通运输需求较高的城市优先配置交通运输用地，提高区域用地配置的针对性。优先类型则是为决策者确定主要用地配置类型提供参考，方便决策者在区域尺度初步把控各种类型土地的配置重点，也为城市在后续制定市级国土空间规划中的用地结构规划提供参考。用地配置规模可以帮助决策者明确各市交通运输用地需求面积，决策者可针对各市的土地利用现状配置合理规模的交通运输用地，以推进区域尺度用地配置决策的进一步落地。值得注意的是，区域交通运输用地配置优先次序、优先类型和规模三者之间存在内在联系和响应规律，这为决策者开展区域国土空间规划提供了基础的规律性认知。具体而言，用地配置优先次序较高的城市普遍处于交通发展的初期，此类城市用地配置规模相对较小且配置类型相对单一，交通运输用地的配置以满足发展需求为首要目标。而用地配置优先次序较低的城市普遍交通基础设施完备度较高，此类城市交通运输用地配置规模相对较大且配置类型更加多元，旨在建立陆水空立体化的交通运输枢纽。

9 结论与展望

9.1 结论与成果

随着我国人地矛盾逐渐凸显，土地资源的分配成了当今发展的难题。如何利用有限的土地资源来实现可持续发展目标是一个重要议题。交通运输用地是承载人们生产和生活的重要基础设施用地，其配置的合理性直接影响到城市的人口流通能力、经济发展潜力和产业发展方向。长江经济带是我国重大国家战略发展区域，该区域依靠长江这条黄金水道，拥有建设陆水空立体交通网络的天然优势。长江经济带的人口规模和经济总量占全国比例均超过了40%，但区域面积仅占国土总面积的21.4%，土地资源紧缺成为不争的事实。基于此，有必要探讨长江经济带交通运输用地的供需状况，以及交通运输用地的高效配置，这对指导区域交通运输用地的可持续利用有着重要意义。本书结合土地科学、地理学、投入产出经济学、区域经济学、统计学等多个学科的理论知识，以及现代空间信息处理技术，深入分析了长江经济带交通运输用地的供需状况、交通主导性、依赖性、通达性、协调性，预测了城市交通运输用地需求面积，构建了多目标导向下的交通运输用地配置框架体系。基于研究结果，本书得到以下主要结论：

1）长江经济带交通运输用地和供地的现状、增量、结构、效率空间差异显著，且空间分布特征及规律明显。从交通运输用地利用规模的差异对比来看，长江经济带交通运输用地和供地规模高的城市，主要集中在长江下游地区、长江中游城市群和成渝城市群，且此类城市多为省会级城市或者区域经济发展、人口承载的核心城市。就空间聚类特征而言，无论是用地还是供地，正向的空间自相关类型（高—高聚类和低—低聚类）在空间上呈“组团”式分布，高—高聚类的城市分布在长江三角洲城市群，而低—低聚类的城市分布在长江中上游地区。

从交通运输用地分类型的差异对比来看，长江经济带各市公路用地规模总体呈现下游城市＞中游城市＞上游城市的空间格局。铁路用地规模较大的城市多为省会级城市，也是我国铁路重点节点城市。港口码头用地面积较大的城市主要为长江主干线上的重要港口城市，以及东部沿海城市。机场用地面积较大的城市主要是各省的省会城市和直辖市，且主要分布在长江的下游和上游地区。公路用地在长江经济带交通运输用地中占绝对主导，城市公路用地面积平均占比超过80%，铁路用地面积平均占比超过10%，而港口码头用地和机场用地平均占比之和低于10%。

从用地效率的差异对比来看，长江经济带单位交通运输用地承载人口多的城市主要集中在长江经济带的三大增长极（长江三角洲城市群、长江中游城市群和成渝城市群）。经济效益的总体空间格局呈现三梯度分布，长江下游地区城市单位交通运输用地经济效益普遍较高，中游城市次之，上游城市单位交通运输用地经济效益普遍较低。

就用地和供地的综合差异对比而言，长江三角洲地区城市普遍呈现用地规模和供地规模均较高的聚类特征。长江上游地区城市普遍呈现低用地—低供地和低用地—中供地，上下游地区形成鲜明的两极分化。长江中游地区则更像是一个由上游到下游演变的过渡带，各种用地聚类类型均有分布。此外，长江上、中、下游地区城市用地—供地聚类空间分布特征相似，用地—供地聚类类型都呈现出逐圈层的递进变化，由外围城市的低—低类型向核心城市的高—高类型过渡。

2）长江经济带城市交通运输用地需求的内部性和外部性影响因素特征差异较大，影响因素的空间聚集特征明显。影响交通运输用地配置的内部性因素包括交通依赖性和主导性。就长江经济带城市交通依赖性而言，长江经济带城市交通依赖性较高的城市主要集中在长江中下游地区，而长江上游城市除了少数城市外，其他城市交通依赖性普遍较低。就长江经济带的城市交通主导性而言，单一交通主导型城市主要是未被长江主干线穿过的城市，且长江中上游的单一交通主导型城市要明显多于长江下游地区。复合交通主导型的城市在空间分布上更具空间集聚性，主要沿海、沿江、沿河分布，且主要位于长江经济带的三大城市群内。

影响交通运输用地配置的外部性因素包括交通通达性和协调性。就长江经济带城市交通网络通达性而言，通达性较高的城市沿长江干流呈带状分布，干流两侧城市的交通通达性普遍较高，且呈现出以省会级城市为核心，交通通达性从核心向外围城市减弱的特征。就长江经济带交通运输用地利用协调性而言，长江经济带超过半数城市的人口－经济－生态－交通运输用地利用复合系统耦合协调发展处于中等水平，有必要进一步加强该区域交通运输用地的优化配置。

3）探索长江经济带城市交通运输用地的理论需求面积，验证用地预测的合理性。基于对影响交通运输用地需求关键因素的筛选，本书构建了规划目标约束

下的灰色 -BP 神经网络交通运输用地需求预测模型，并逐一对长江经济带城市交通运输用地进行预测，得到 2025 年长江经济带 127 个地级行政单位的交通运输用地需求面积。交通运输用地面积需求较高的城市多分布于长江中上游地区，这反映出长江经济带交通基础设施的建设重点正在逐步向中上游地区转移。此外，为了满足经济发展和人口增长的需求，长江下游地区部分城市的交通运输用地面积近年来依然会保持较高的增量。

在确定了长江经济带城市交通运输用地的潜在需求面积后，本书通过叠加国家战略交通规划以及地级市土地利用总体规划，进一步验证了用地需求模型所得结果的合理性。验证结果表明本书的预测结果与现有规划具有较高的一致性。虽难免存在误差，但与大多数城市交通运输规划建设方向基本吻合。国家交通战略中对交通的建设力度明显往长江中上游地区偏移，这与本书预测得到的交通运输用地潜在需求面积的空间分布特征一致。交通运输用地潜在需求面积较大的城市普遍为我国交通战略规划中的重点建设城市，且市级土地利用总体规划中对交通运输用地的规划面积也普遍较大。

4）提出长江经济带交通运输用地配置对策，发现区域交通运输用地的配置规律。长江经济带交通运输用地配置优先级较低的城市往往供地类型更加多元，且交通运输用地需求面积普遍较高。这些城市多为区域发展的核心城市，交通基础设施建设从满足自身发展需求转变为构建立体交通网络，串联其他城市协同发展，如长江上游地区的重要交通枢纽重庆市和成都市。随着用地配置优先级的增长，城市的供地类型变得复杂多样。既有单一交通主导型城市，又有公路—航空、公路—铁路、公路—水运主导型城市，还有复合主导型城市。此阶段为交通运输发展的过渡期，各城市根据自身发展需求及建设条件来合理建设交通体系，交通运输用地需求也存在显著的差异。随着用地配置优先级的进一步增长，城市交通发展处于起步阶段，城市交通基础设施相对薄弱，但由于自身发展体量较小致使城市短期内对交通运输用地需求相对较低；由于自身区位因素的限制，交通基础设施建设类型单一，如长江上游地区的甘孜藏族自治州、迪庆藏族自治州、凉山彝族自治州等，主要开展公路和机场的建设。

9.2 特色与创新点

本书的研究特色和创新点，主要集中在以下的几个方面。

1）理论框架上，本书构建了多元目标导向下的区域交通运输用地配置理论框架体系。以满足城市交通运输用地数量（面积）上的需求，配置适合地方主导产业发展的交通运输用地，提高区域间城市交通运输网络通达性，实现人口—经济—生态和交通运输用地的协调发展为目标，以土地供需协调内涵、主导产业与交通运输用地互动关系内涵、区域城市网络化发展内涵及多系统协调发展内涵为依托，从内部性（依赖性和主导性）、外部性（通达性和协调性）和需求性多个方面，涵盖土地资源配置理论中的时间、空间、用途和规模四大要素，提出区域交通运输用地配置理论框架体系。

2）评估方法上，提出了内外部性影响要素分析法来评估区域交通运输的发展情况。本书从交通依赖性、交通主导性、交通通达性和交通协调性四个方面，从内部性影响和外部性影响两个角度，综合分析了长江经济带城市交通运输发展的现状，为长江经济带交通运输用地配置提供定量化支撑。

3）政策指导上，通过整合区域交通运输发展状态及交通运输用地供需协调状况，本书发现了区域交通运输用地配置规律，为区域尺度交通运输用地的配置提供政策实施指导。基于对研究区城市交通运输用地配置特征的整合，发现区域交通运输用地配置面积、配置次序、配置类型、交通运输发展阶段之间有着密切联系，呈现出随着用地配置次序的上升，配置面积波动递减的规律；且配置类型随着交通发展阶段的提升而更加多元。通过了解区域交通运输用地配置规律，有助于决策者制定次序鲜明、类型明确、规模合理的区域交通运输用地配置方案，为促进区域交通运输的可持续发展，打造区域一体化立体交通网络体系提供支撑。

9.3 展望

交通运输用地的开发和利用对人类的生存和发展都至关重要，而区域交通运输用地的优化配置是一个综合了多因素多系统的复杂科学问题，涉及自然系统、社会系统、经济系统等多系统间的互相作用、彼此协调。本书虽然综合多系统首次提出了多元目标导向下的区域交通运输用地配置框架体系，但由于受到多系统之间相互作用的复杂性以及跨学科基础理论知识不完备的影响，本书难免会存在缺点和不足，一些问题有待今后做更深一步的研究。

笔者认为，本书主要还有以下不足或问题，需要说明或继续探索：

1）应进一步加强区域内城市交通网络通达性的研究。本书基于普适性的陆路运输网络（公路和铁路），运用空间句法模型开展了城市间网络联系强度的定量化研究，可以反映城市间交通网络的通达程度。但本书没有考虑水路运输网络和航空运输网络带来的城市间的相互联系，因而会导致各城市的交通网络通达性普遍偏低，尤其是港口型城市和上游地区以航空运输为主要运输方式的城市。在未来的研究中，应进一步探索如何将水路运输网络和航空运输网络纳入空间句法轴线模型中，提升城市交通网络通达性量化的准确性。

2）应辩证地看待本书关于长江经济带交通运输用地潜在需求面积结果的验证。虽然从国家和地方的规划重点和规划方向来看，本书的城市交通运输用地需求预测结果总体上是合理和适用的，但应进一步讨论和关注本书验证结果中面积需求和政府规划差异较大的城市。如，交通运输用地预测需求面积较大而实际规划面积较小的城市，这种不在国家 / 地方重点建设之列且交通运输用地潜在需求面积又很大的城市更值得关注和研究，应辩证地深入探讨研究结果与规划结果存在差异的原因。

3）应在本书研究结果和思路的基础上，继续深入开展市 / 县尺度交通运输用地的优化配置研究。本书的研究成果适用于大尺度的研究，可服务于区域尺度的土地资源优化配置，促进区域交通的均衡发展。但是，对于城市尺度的交通建设规划和土地利用规划，有必要在清楚了解城市交通运输用地在区域层面优化配置定位的基础上，进一步考虑其他用地类型的约束（永久基本农田、生态红线等），并从城市交通网络配置和工程建设角度推进用地优化配置，以开展更加精准的交通建设落地工程。因此，未来的深入研究有必要将城市交通运输用地供需平衡与城市交通基础设施网络规划的研究结合起来，并充分利用大数据来进行“人流”“物流”和“车流”的动态分析，做到交通“线”和“面”结合，由“静态”向“动态”转变，实现更加立体的市 / 县尺度交通运输用地优化配置。

参考文献

[1] 刘黎明．土地资源学 [M]. 北京：中国农业大学出版社，2010.

[2] 段正梁．关于土地科学中土地概念的一些思考 [J]. 中国土地科学，2000，(04)：18-21.

[3] 傅泽强，蔡运龙，杨友孝，等．中国粮食安全与耕地资源变化的相关分析 [J]. 自然资源学报，2001，(04)：313-319.

[4] 龙开胜，李敏．长三角城市土地稀缺与土地利用效率的交互影响 [J]. 中国土地科学，2018，32(09)：74-80.

[5] 荣朝和．论运输化 [M]. 北京：中国社会科学出版社，1993.

[6] 荣朝和．运输发展理论的近期进展 [J]. 中国铁道科学，2001，(03)：4-11.

[7] 王静，郑振源，黄晓宇，等．对中国现行土地利用战略解决土地供需矛盾的反思 [J]. 中国土地科学，2011，25(04)：9-12.

[8] 龚定勇，蒋爱民．基础设施建设与城市经济增长的关系 [J]. 城市问题，2004，(01)：46-50.

[9] 高文晓．交通基础设施的作用及其地区差异 [D]. 济南：山东大学，2015.

[10] 陆建．城市交通系统可持续发展规划理论与方法 [D]. 南京：东南大学，2003.

[11] 李树枝，张丽君，郭文华，等．经济新常态下我国土地利用形势分析 [J]. 国土资源情报，2017，(07)：3-9.

[12] 李储，徐泽．改革开放以来长江经济带的政策变迁：脉络、机制与模式 [J]. 华东经济管理，2020，34(02)：1-9.

[13] Sciara, G. C. Metropolitan transportation planning: Lessons from the past, institutions for the future[J]. Journal of the American Planning Association, 2017, 83(3): 262-276.

[14] Newman, P.W.G., Kenworthy, J. R. The land use—transport connection: An overview[J]. Land Use Policy, 1996, 13(1): 1-22.

[15] Susantono, B. Transportation land use dynamics in metropolitan Jakarta[J]. Berkeley Planning Journal, 1998, 12(1).

[16] Büttner, G. CORINE land cover and land cover change products[M]. Dordrecht: Springer, 2014.

[17] Anderson, J. R. A land use and land cover classification system for use with remote sensor data[M]. Northwest Washington: US Government Printing Office, 1976.

[18] 龚汗青，段建南，徐洁．日本土地利用分类研究及启示 [J]. 山东农业科学，2014，46(05)：153-156.

[19] 张景华，封志明，姜鲁光．土地利用 / 土地覆被分类系统研究进展 [J]. 资源科学，2011，33(6)：1195-1203.

[20] 张学良．中国交通基础设施促进了区域经济增长吗——兼论交通基础设施的空间溢出效应 [J]. 中国社会科学，2012，(03)：60-77+206.

[21] 郭琳，贾艳杰．天津城市土地利用与交通可持续发展对策研究 [J]. 天津师范大学学报（自然科

学版)，2004(03)：18–21.
[22] 李连成 . 公路基础设施土地利用现状分析及对策 [J]. 综合运输，2012，(08)：20–25.
[23] 李树国，马仁会 . 对我国土地利用分类体系的探讨 [J]. 中国土地科学，2000，(01)：39–40.
[24] 潘红 . 土地利用总体规划中的交通用地研究——以湖北省为例 [D]. 武汉：华中科技大学，2005.
[25] Mohmand, Y. T., Wang, A., Saeed, A. The impact of transportation infrastructure on economic growth: empirical evidence from Pakistan[J]. Transportation Letters, 2017, 9(2): 63–69.
[26] Paulley, N., Balcombe, R., Mackett, R., et al. The demand for public transport: The effects of fares, quality of service, income and car ownership[J]. Transport Policy, 2006, 13(4): 295–306.
[27] Haghshenas, H., Vaziri, M. Urban sustainable transportation indicators for global comparison[J]. Ecological Indicators, 2012, 15(1): 115–121.
[28] Gillen, D. W. Transportation infrastructure and economic development: A review of recent literature[J]. Logistics and Transportation Review, 1996, 32(1): 39.
[29] Pradhan, R. P., Arvin, M. B., Nair, M. Urbanization, transportation infrastructure, ICT, and economic growth: A temporal causal analysis[J]. Cities, 2021, 115: 103213.
[30] Helling, A. Transportation and economic development: A review[J]. Public Works Management & Policy, 1997, 2(1): 79–93.
[31] Démurger, S. Infrastructure development and economic growth: an explanation for regional disparities in China?[J]. Journal of Comparative economics, 2001, 29(1): 95–117.
[32] Banerjee, A., Duflo, E., Qian, N. On the road: Access to transportation infrastructure and economic growth in China[J]. Journal of Development Economics, 2020, 145: 102442.
[33] Beyzatlar, M. A., Karacal, M., Yetkiner, H. Granger-causality between transportation and GDP: A panel data approach[J]. Transportation Research Part A: Policy and Practice, 2014, 63: 43–55.
[34] Konno, A., Kato, H., Takeuchi, W., et al. Global evidence on productivity effects of road infrastructure incorporating spatial spillover effects[J]. Transport Policy, 2021, 103: 167–182.
[35] Daniels, J.P., von der Ruhr, M. Transportation costs and US manufacturing FDI[J]. Review of International Economics, 2014, 22(2): 299–309.
[36] Buurman, J., Rietveld, P. Transport infrastructure and industrial location: the case of Thailand[J]. Review of Urban & Regional Development Studies, 1999, 11(1): 45–62.
[37] Holl, A. Manufacturing location and impacts of road transport infrastructure: empirical evidence from Spain[J]. Regional Science and Urban Economics, 2004, 34(3): 341–363.
[38] Kim, H., Ahn, S., Ulfarsson, G. F. Transportation infrastructure investment and the location of new manufacturing around South Korea's West Coast Expressway[J]. Transport Policy, 2018, 66: 146–154.
[39] Hodgson, C. The effect of transport infrastructure on the location of economic activity: Railroads and post offices in the American West[J]. Journal of Urban Economics, 2018, 104: 59–76.
[40] Canning, D., Bennathan, E. The social rate of return on infrastructure investments[M]. The World Bank, 1999.
[41] Gannon, C. A., Liu, Z. Poverty and transport[D]. Washington, DC: The World Bank, 1997.
[42] Aljoufie, M. The impact assessment of increasing population density on Jeddah road transportation

using spatial−temporal analysis[J]. Sustainability, 2021, 13(3): 1455.
[43] Aljoufie, M., Zuidgeest, M., Brussel, M., et al. Spatial-temporal analysis of urban growth and transportation in Jeddah City, Saudi Arabia[J]. Cities, 2013, 31: 57−68.
[44] Li, Y., DaCosta, M. N. Transportation and income inequality in China: 1978—2007[J]. Transportation Research Part A: Policy and Practice, 2013, 55: 56−71.
[45] Yetkiner, H., Beyzatlar, M. A. The Granger-causality between wealth and transportation: A panel data approach[J]. Transport Policy, 2020, 97: 19−25.
[46] Gramlich, E.M. Infrastructure investment: A review essay[J]. Journal of Economic Literature, 1994, 32(3): 1176−1196.
[47] Pereira, A. M., Andraz, J. M. Public investment in transportation infrastructures and regional asymmetries in Portugal[J]. The Annals of Regional Science, 2006, 40(4): 803−817.
[48] Bjorvatn, K. Urban infrastructure and industrialization[J]. Journal of Urban Economics, 2000, 48(2): 205−218.
[49] Sobieralski, J. B. Transportation infrastructure and employment: Are all investments created equal?[J]. Research in Transportation Economics, 2020: 100927.
[50] Aljoufie, M., Brussel, M., Zuidgeest, M., van Maarseveen, M. Urban growth and transport infrastructure interaction in Jeddah between 1980 and 2007[J]. International Journal of Applied Earth Observation and Geoinformation, 2013, 21: 493−505.
[51] Alig, R. J., Kline, J. D., Lichtenstein, M. Urbanization on the US landscape: looking ahead in the 21st century[J]. Landscape and Urban Planning, 2004, 69(2−3): 219−234.
[52] Antrop, M. Landscape change and the urbanization process in Europe[J]. Landscape and Urban Planning, 2004, 67(1−4): 9−26.
[53] Kasraian, D., Maat, K., Stead, D., et al. Long-term impacts of transport infrastructure networks on land-use change: an international review of empirical studies[J]. Transport Reviews, 2016, 36(6): 772−792.
[54] Cervero, R. Linking urban transport and land use in developing countries[J]. Journal of Transport and Land Use, 2013, 6(1): 7−24.
[55] Webster, F., Bly, P. The demand for public transport. Part II. Supply and demand factors of public transport[J]. Transport Reviews, 1982, 2(1): 23−46.
[56] 郭洪太 . 我国交通运输实践的发展历程与交通强国建设展望 [J]. 交通运输部管理干部学院学报，2019，29(04)：5−8.
[57] 郝凤霞，张诗葭 . 长三角城市群交通基础设施、经济联系和集聚——基于空间视角的分析 [J]. 经济问题探索，2021，(03)：80−91.
[58] 张镝，吴利华 . 我国交通基础设施建设与经济增长关系实证研究 [J]. 工业技术经济，2008，(08)：87−90.
[59] 朱琳，罗宏翔 . 交通基础设施建设影响区域经济差距的特征、机理及其实证研究 [J]. 云南财经大学学报，2022，38(03)：31−45.
[60] 叶昌友，王遐见 . 交通基础设施、交通运输业与区域经济增长——基于省域数据的空间面板模型研究 [J]. 产业经济研究，2013，(02)：40−47.
[61] 吴英杰 . 城市土地利用与经济发展的互动机制研究 [D]. 杭州：浙江大学，2010.

[62] 霍旭领．交通基础设施对经济增长的作用——文献综述 [J]. 劳动保障世界，2016，(29)：64+69.
[63] 周庆明．交通基础设施对区域经济增长的空间溢出作用研究 [D]. 杭州：浙江大学，2004.
[64] 崔百胜，杨晓勤．交通基础设施对区域经济增长的空间溢出效应 [J]. 城市问题，2017，(07)：48–59.
[65] 白丽飞，李艳佳，张佳强．经济发展与交通基础设施建设二者间的关系研究——以“一带一路”沿线我国西北五省为例 [J]. 综合运输，2019，41(12)：34–39.
[66] 赵莹．京津冀交通基础设施与经济协调发展研究 [D]. 北京：北京交通大学，2018.
[67] 高敏燕，黄贤金，姚丽．基于遗传投影寻踪模型的交通用地集约利用综合评价 [J]. 中国土地科学，2011，25(02)：34–40.
[68] 马伟，王亚华，刘生龙．交通基础设施与中国人口迁移：基于引力模型分析 [J]. 中国软科学，2012，(03)：69–77.
[69] 李欣．城市交通基础设施对人口集聚的影响研究 [D]. 北京：北京交通大学，2016.
[70] 杨敏，陈学武，王炜，等．基于人口和土地利用的城市新区交通生成预测模型 [J]. 东南大学学报（自然科学版），2005，(05)：161–165.
[71] 戢晓峰，李武，欧思嘉．云南省公路运输系统与城镇化的空间耦合及作用机理 [J]. 经济地理，2018，38(11)：78–88.
[72] 张海涛，陆铭俊．新丝绸之路经济带交通基础设施与城市化——基于高铁和高速公路的研究 [J]. 工业技术经济，2017，36(04)：33–39.
[73] 杨桐彬，朱英明，周波，等．交通基础设施对人口城市化的影响——基于高铁和城轨开通的准自然实验 [J]. 南京财经大学学报，2020，(05)：26–36.
[74] 邓明．中国城市交通基础设施与就业密度的关系——内生关系与空间溢出效应 [J]. 经济管理，2014，36(01)：163–174.
[75] 王守坤．交通基础设施建设与中国地区居民收入差异——基于省级面板数据的分析 [J]. 华东经济管理，2012，26(06)：60–64.
[76] 彭定赟，王云航．交通基础设施对产业结构变迁的影响研究 [J]. 北京邮电大学学报（社会科学版），2019，21(04)：30–41.
[77] 高正．交通基础设施影响产业结构优化升级的空间特征研究 [D]. 兰州：兰州大学，2020.
[78] Shaw, S. L., Xin, X. Integrated land use and transportation interaction: A temporal GIS exploratory data analysis approach[J]. Journal of Transport Geography, 2003, 11(2): 103–115.
[79] Bartholomew, K. Land use-transportation scenario planning: promise and reality[J]. Transportation, 2007, 34(4): 397–412.
[80] Putman, S. H. Urban land use and transportation models: A state-of-the-art summary[J]. Transportation Research, 1975, 9(2): 187–202.
[81] Colonna, P., Berloco, N., Circella, G. The Interaction between Land Use and Transport Planning: A Methodological Issue[J]. Procedia - Social and Behavioral Sciences, 2012, 53: 84–95.
[82] Anjomani, A. An integrated land-use/transportation forecasting and planning model: A metropolitan planning support system[J]. Journal of Transport and Land Use, 2021, 14(1): 65–86.
[83] Anas, A., Duann, L.S. Dynamic forecasting of travel demand, residential location and land development[J]. Papers of the Regional Science Association, 1985, 56(1): 37–58.
[84] Kasraian, D., Raghav, S., Miller, E. J. A multi-decade longitudinal analysis of transportation and land

use co-evolution in the Greater Toronto-Hamilton Area[J]. Journal of Transport Geography, 2020, 84: 102696.

[85] Levine, J., Frank, L. D. Transportation and land-use preferences and residents' neighborhood choices: The sufficiency of compact development in the Atlanta region[J]. Transportation, 2007, 34(2): 255–274.

[86] Asher, S., Garg, T., Novosad, P. The ecological impact of transportation infrastructure[J]. The Economic Journal, 2020, 130(629): 1173–1199.

[87] Andong, R.F., Sajor, E. Urban sprawl, public transport, and increasing CO_2 emissions: The case of Metro Manila, Philippines[J]. Environment, Development and Sustainability, 2017, 19(1): 99–123.

[88] Litman, T. Evaluating transportation land use impacts[J]. World Transport Policy & Practice, 1995, 1(4): 9–16.

[89] Waddell, P., Ulfarsson, G. F., Franklin, J.P., Lobb, J. Incorporating land use in metropolitan transportation planning[J]. Transportation Research Part A Policy & Practice, 41(5): 0–410.

[90] Eboli, L., Forciniti, C., Mazzulla, G. Exploring Land Use and Transport Interaction through Structural Equation Modelling[J]. Procedia - Social and Behavioral Sciences, 2012, 54: 107–116.

[91] Cervero, R. Growing smart by linking transportation and land use: Perspectives from California[J]. Built Environment (1978—), 2003: 66–78.

[92] Mathur, S. An evaluative framework for examining the use of land value capture to fund public transportation projects[J]. Land Use Policy, 2019, 86: 357–364.

[93] Ewing, R., Meakins, G., Bjarnson, G., Hilton, H. Transportation and Land Use[M]. Washington, DC: Island Press, 2011.

[94] 杨励雅 . 城市交通与土地利用相互关系的基础理论与方法研究 [D]. 北京：北京交通大学，2007.

[95] 毛蒋兴，阎小培 . 我国城市交通系统与土地利用互动关系研究述评 [J]. 城市规划汇刊，2002，(04)：34–37.

[96] 陆化普 . 城市土地利用与交通系统的一体化规划 [J]. 清华大学学报（自然科学版），2006，(09)：1499–1504.

[97] 麦地娜・哈尔山，母睿 . 城市交通与土地利用一体化发展评价 [J]. 城市规划，2018，42(07)：86–92.

[98] 徐巨洲 . 城市交通规划研究的新进展——《大城市综合交通体系规划模式研究》报告读后 [J]. 城市规划，1991，(04)：24–25.

[99] 陈峰，阚叔愚 . 土地利用与交通相互作用理论探讨 [J]. 中国土地科学，2001，(03)：27–30.

[100] 陈伟，范黎萍 . 结合城市轨道交通建设的土地储备机制研究 [J]. 城市交通，2006，(02)：21–24.

[101] 谷岩岩 . 大数据支持下的城市公共交通与土地利用互动研究 [D]. 武汉：武汉大学，2020.

[102] 杨励雅，邵春福，刘智丽，等 . 城市交通与土地利用互动机理研究 [J]. 城市交通，2006，(04)：21–25.

[103] 张鹏程，刘灿齐 . 基于路网容量的土地利用强度分析 [J]. 交通科技与经济，2010，12(02)：27–29.

[104] 赵鹏军，万婕 . 城市交通与土地利用一体化模型的理论基础与发展趋势 [J]. 地理科学，2020，40(01)：12–21.

[105] 杨建军，汤燕，连城 . 交通引导下的城市群空间组织研究——以浙中城市群为例 [J]. 浙江大学

学报（理学版），2005，(05)：584–587.
[106] 刘天东 . 城际交通引导下的城市群空间组织研究 [D]. 长沙：中南大学，2007.
[107] 赵鹏军 . 土地集约利用对可持续城市交通的作用：基于国际文献理论分析 [J]. 城市发展研究，2018，25(09)：108–116.
[108] 陈威，焦洪赞，王涛 . 廊道式 TOD 土地利用遗传优化模型 [J]. 武汉大学学报（工学版），2020，53(11)：995–1005.
[109] 徐玉巧，田连升 . 浅谈不同运输方式的土地占用 [J]. 交通与运输（学术版），2007，(01)：118–120.
[110] 罗仁坚 . 公路与铁路用地比较研究 [J]. 综合运输，2004，(05)：18–20.
[111] 余倩倩 . 我国公路用地利用效率评价与影响因素分析 [D]. 杭州：浙江大学，2013.
[112] 薛剑 . 大通道建设与南通市土地资源调控利用研究 [D]. 南京：南京农业大学，2007.
[113] Tskeris, T., Tsekeris, C. Demand forecasting in transport: Overview and modeling advances[J]. Economic research-Ekonomska istraživanja, 2011, 24(1): 82–94.
[114] Blainey, S. P., Preston, J. M. Predict or prophesy? Issues and trade-offs in modelling long-term transport infrastructure demand and capacity[J]. Transport policy, 2019, 74: 165–173.
[115] Spear, B. D. New approaches to transportation forecasting models[J]. Transportation, 1996, 23(3): 215–240.
[116] Ohashi, H., Fukasawa, K., Ariga, T., Matsui, T., Hijioka, Y. High - resolution national land use scenarios under a shrinking population in Japan[J]. Transactions in GIS, 2019, 23(4): 786–804.
[117] Petrov, L.O., Lavalle, C., Kasanko, M. Urban land use scenarios for a tourist region in Europe: Applying the MOLAND model to Algarve, Portugal[J]. Landscape and Urban Planning, 2009, 92(1): 10–23.
[118] Anderson, M. D. Evaluation of models to forecast external-external trip percentages[J]. Journal of Urban Planning and Development, 1999, 125(3): 110–120.
[119] Anderson, M. D. Spatial economic model for forecasting the percentage splits of external trips on highways approaching small communities[J]. Transportation Research Record, 2005, 1931(1): 68–73.
[120] Cohen, J.P. The broader effects of transportation infrastructure: Spatial econometrics and productivity approaches[J]. Transportation Research Part E: Logistics and Transportation Review, 2010, 46(3): 317–326.
[121] Ahmed, B. The Traditional Four Steps Transportation Modeling Using a Simplified Transport Network: A Case Study of Dhaka City, Bangladesh[J]. International Journal of Advanced Scientific Engineering and Technological Research, 2012, 1(1): 19–40.
[122] Angel, S., Parent, J., Civco, D. L., et al. The dimensions of global urban expansion: Estimates and projections for all countries, 2000—2050[J]. Progress in Planning, 2011, 75(2): 53–107.
[123] Horridge, M. A computable general equilibrium model of urban transport demands[J]. Journal of Policy Modeling, 1994, 16(4): 427–457.
[124] Anas, A., Yu, L. A Regional Economy, Land Use, and Transportation Model (RELU-TRAN©): Formulation, Algorithm Design, and Testing[J]. Journal of Regional Science, 2007, 47(3): 415–455.
[125] Lopes, S. B., Brondino, N. C., Rodrigues da Silva, A. N. GIS-based analytical tools for transport planning: Spatial regression models for transportation demand forecast[J]. ISPRS International

Journal of Geo-Information, 2014, 3(2).
[126] Rodrigue, J. -P., Comtois, C., Slack, B. The geography of transport systems[M]. New York: Routledge, 2016.
[127] 王亚龙 . 徐州市区城市建设用地需求预测研究 [D]. 徐州：中国矿业大学，2016.
[128] 姜海，曲福田 . 建设用地需求预测的理论与方法——以江苏省为例 [J]. 中国土地科学，2005，(02)：44–51.
[129] 罗罡辉，吴次芳 . 建设用地需求预测方法研究 [J]. 中国土地科学，2004，(06)：14–17.
[130] 李希灿，刁海亭，王静，等 . 中国区域土地利用需求量预测方法研究进展 [J]. 山东农业大学学报（自然科学版），2009，40(04)：655–658.
[131] 刘胜华，詹长根 . 基于国民经济和人口发展目标的建设用地需求规模预测研究——以武汉市黄陂区为例 [J]. 中国人口・资源与环境，2005，(05)：51–55.
[132] 许玲 . 基于两种预测方法的福州市建设用地需求预测研究 [D]. 福州：福建农林大学，2015.
[133] 陈学武 . 城市对外交通需求预测方法探讨 [J]. 现代城市研究，1994，(04)：46–48.
[134] 宋玉宝，张效杰，吕静，等 . 基于土地利用的开发区交通需求预测模型研究及应用 [J]. 城市道桥与防洪，2008，(06)：109–113.
[135] 陈月明，成卫，董玉佩 . 中小城市交通生成量预测模型研究 [J]. 昆明理工大学学报（理工版），2007，(05)：78–81.
[136] 李连成 . 我国交通用地需求预测及对策建议 [J]. 综合运输，2009，(11)：23–26.
[137] 王志刚 . 临沂交通用地需求预测与布局规划研究 [D]. 河北师范大学，2009.
[138] 刘英英，石培基，刘玲，等 . 基于 DPSIR 陇南市土地利用规划环境影响评价 [J]. 土壤通报，2011，42(04)：795–800.
[139] 梁宇航 . 基于可计算一般均衡的城镇交通运输用地需求预测与控制研究 [D]. 广州：华南理工大学，2018.
[140] 王建国 . 城镇化进程中建设用地需求合理预测方法研究 [D]. 保定：河北农业大学，2007.
[141] 丁志坤，朱梦炼，宋义勇 . 基于改进“四阶段法”的高速公路交通量预测研究 [J]. 重庆交通大学学报（自然科学版），2017，36(05)：86–90.
[142] 陈书荣，陈宇 . 土地利用总体规划的改革思路 : 双层规划 [J]. 中国土地，2016，(04)：18–19.
[143] 祝建军 . 基于交通效率的城市道路交通系统优化理论与方法研究 [D]. 成都：西南交通大学，2011.
[144] 史云扬，李牧，付野，等 . 基于灰色 –BP 神经网络模型的多情景交通用地需求预测——以长江中游城市群为例 [J]. 中国农业大学学报，2020，25(06)：142–153.
[145] 李连成 . 交通用地的优化配置问题研究 [D]. 北京：北京交通大学，2013.
[146] 李连成 .“十二五”必须重视交通用地优化配置问题 [J]. 综合运输，2011，(11)：12–16.
[147] 侯波 . 高速公路建设用地问题创新模式研究 [J]. 公路交通科技，2010，27(01)：155–158.
[148] 崔慧珊，鲁亚义，张辛，等 . 吉林省公路建设节约集约用地的经验及问题探讨 [J]. 交通建设与管理，2009，(09)：104–106.
[149] Szeto, W. Y., Jiang, Y., Wang, D. Z. W., et al. A sustainable road network design problem with land use transportation interaction over time[J]. Networks and Spatial Economics, 2015, 15(3): 791–822.
[150] Short, J., Kopp, A. Transport infrastructure: Investment and planning. Policy and research aspects[J]. Transport Policy, 2005, 12(4): 360–367.

[151] Hammes, J. J., Nilsson, J.-E. The allocation of transport infrastructure in Swedish municipalities: Welfare maximization, political economy or both?[J]. Economics of Transportation, 2016, 7: 53–64.
[152] Jha, M. K., Kim, E. Highway route optimization based on accessibility, proximity, and land-use changes[J]. Journal of Transportation Engineering, 2006, 132(5): 435–439.
[153] Ratner, K. A., Goetz, A. R. The reshaping of land use and urban form in Denver through transit-oriented development[J]. Cities, 2013, 30: 31–46.
[154] Badoe, D. A., Miller, E. J. Transportation-land-use interaction: empirical findings in North America, and their implications for modeling[J]. Transportation Research Part D: Transport and Environment, 2000, 5(4): 235–263.
[155] Waddell, P. Integrated Land Use and Transportation Planning and Modelling: Addressing Challenges in Research and Practice[J]. Transport Reviews, 2011, 31(2): 209–229.
[156] Chester, M. V., Nahlik, M. J., Fraser, A. M., et al. Integrating Life-cycle Environmental and Economic Assessment with Transportation and Land Use Planning[J]. Environmental Science & Technology, 2013, 47(21): 12020–12028.
[157] Hassan, A. M., Lee, H. Toward the sustainable development of urban areas: An overview of global trends in trials and policies[J]. Land Use Policy, 2015, 48: 199–212.
[158] Shore, W. B. Land-use, transportation and sustainability[J]. Technology in Society, 2006, 28(1–2): 27–43.
[159] 史志凤，杨凤海，张季一，等 . 1997—2006 年江苏省交通运输用地空间演变特征研究 [J]. 测绘与空间地理信息，2011，34(02)：241–245.
[160] 张迪 . 2019 年我国基础设施用地供应形势分析 [J]. 国土资源情报，2020，(05)：32–36.
[161] 李永昌，单艳红，聂宜民，等 . 城市土地资源优化配置的原则及措施 [J]. 山东农业大学学报，1995，(01)：13–16.
[162] 钱文荣 . 中国城市土地资源配置中的市场失灵、政府缺陷与用地规模过度扩张 [J]. 经济地理，2001，(04)：456–460.
[163] 王玉国 . 运输业资源效率评价和优化利用研究 [D]. 北京：北京交通大学，2006.
[164] 姜大军 . 试析道路旅客运输资源配置中存在的问题与优化措施 [J]. 科技创新与应用，2014，(31)：258.
[165] 王会宗 . 行政垄断下的铁路运输业资源配置效率分析 [J]. 西安财经学院学报，2012，25(01)：16–24.
[166] 何昔银，荣朝和 . 沪宁城际铁路定位与资源优化配置的探讨 [J]. 综合运输，2008，(09)：21–26.
[167] 荣朝和，吴昊，程楠 . 关于通道规划及京沪通道资源优化配置的思考 [J]. 交通运输系统工程与信息，2007，(03)：11–18.
[168] Bower, J. Resource Allocation Theory[M]. London: Palgrave Macmillan, 2018.
[169] Ricardo, D. On the principles of political economy and taxation[M]. London: J. Murray, 1821.
[170] 王元龙 . 论马克思的资源配置理论 [J]. 当代经济研究，1995，(02)：1–7.
[171] 尹珂 . 多尺度土地资源配置研究 [D]. 重庆：西南大学，2010.
[172] 王万茂 . 市场经济条件下土地资源配置的目标、原则和评价标准 [J]. 自然资源，1996，(01)：24–28.
[173] 张海鹏 . 实现我国土地资源优化配置中的两难问题 [J]. 南开学报（哲学社会科学版），2008，(04)：

133–140.
[174] 邵绘春，厉伟，诸培新 . 可持续发展观下的土地资源配置理论分析 [J]. 生态经济，2009，(02)：112–115.
[175] 张颖 . 区域土地资源配置与社会经济发展 [J]. 地域研究与开发，2004，(06)：93–97.
[176] 庞效民 . 区域一体化的理论概念及其发展 [J]. 地理科学进展，1997，(02)：41–49.
[177] De Lombaerde, P. Assessment and measurement of regional integration[M]. London: Routledge, 2006.
[178] Balassa, B. The theory of economic integration (routledge revivals) [M]. London: Routledge, 2013.
[179] 王珏，陈雯 . 全球化视角的区域主义与区域一体化理论阐释 [J]. 地理科学进展，2013，32(07)：1082–1091.
[180] 罗明义 . 论区域经济一体化与基础设施建设 [J]. 思想战线，1995，(06)：19–23.
[181] Lélé, S. M. Sustainable development: a critical review[J]. World development, 1991, 19(6): 607–621.
[182] Brundtland, G. H., Khalid, M. Our common future[M]. Oxford: Oxford University Press, 1987.
[183] 牛文元 . 可持续发展理论的内涵认知——纪念联合国里约环发大会 20 周年 [J]. 中国人口 · 资源与环境，2012，22(05)：9–14.
[184] 郗春梅 . 生态伦理：可持续发展理论架构的基础 [J]. 中国人口 · 资源与环境，2006，(01)：9–13.
[185] 傅伯杰，陈利顶，马诚 . 土地可持续利用评价的指标体系与方法 [J]. 自然资源学报，1997，12(02)：112–118.
[186] 陈百明，张凤荣 . 中国土地可持续利用指标体系的理论与方法 [J]. 自然资源学报，2001，(03)：197–203.
[187] 江晓雨 . 江苏省土地资源可持续利用评价研究 [D]. 徐州：中国矿业大学，2018.
[188] Punakivi, M., Hinkka, V. Selection Criteria of Transportation Mode: A Case Study in Four Finnish Industry Sectors[J]. Transport Reviews, 2006, 26(2): 207–219.
[189] Georg, I., Blaschke, T., Taubenböck, H. New spatial dimensions of global cityscapes: From reviewing existing concepts to a conceptual spatial approach[J]. Journal of Geographical Sciences, 2016, 26(3): 355–380.
[190] 陈伟，修春亮 . 新时期城市群理论内涵的再认知 [J]. 地理科学进展，2021，40(05)：848–857.
[191] 张迪 . 近 10 年我国基础设施用地供应变化与区域比较 [J]. 国土资源情报，2015，(02)：35–39.
[192] 李晓林，李强，任仕伟 . 交通用地的高效利用与城市可持续发展 [J]. 北京师范大学学报（社会科学版），2007，(02)：127–133.
[193] 朱乾隆，刘鹏凌，栾敬东，等 . 城市土地集约利用与生态文明建设的耦合关系 [J]. 浙江农林大学学报，2019，36(05)：999–1005.
[194] 陈彦光 . 基于 Moran 统计量的空间自相关理论发展和方法改进 [J]. 地理研究，2009，28(06)：1449–1463.
[195] Anselin, L. Local Indicators of Spatial Association—LISA[J]. Geographical Analysis, 1995, 27(2): 93–115.
[196] 冯旭杰，孙全欣，钱堃，等 . 区域综合交通运输需求与产业结构的协整关系分析 [J]. 交通运输系统工程与信息，2012，12(06)：10–16.
[197] Martynovich, M., Lundquist, K. J. Technological change and geographical reallocation of labour: On

the role of leading industries[J]. Regional Studies, 2016, 50(10): 1633–1647.
[198] 成长春，王曼．长江经济带世界级产业集群遴选研究 [J]. 南通大学学报（社会科学版），2016，32(05)：1–8.
[199] 贺正楚，吴艳，周震虹．战略性新兴产业评估指标的实证遴选及其应用 [J]. 中国科技论坛，2011，(05)：10–14.
[200] Leontief, W. Input-output economics[M]. Oxford: Oxford University Press, 1986.
[201] Morris, J. M., Dumble, P. L., Wigan, M. R. Accessibility indicators for transport planning[J]. Transportation Research Part A: General, 1979, 13(2): 91–109.
[202] Hansen, W. G. How accessibility shapes land use[J]. Journal of the American Institute of Planners. 1959, 25(2): 73–76.
[203] 张红，王新生，余瑞林．空间句法及其研究进展 [J]. 地理空间信息，2006，(04)：37–39.
[204] 张晓瑞，程志刚，白艳．空间句法研究进展与展望 [J]. 地理与地理信息科学，2014，30(03)：82–87.
[205] 梁宇，郑新奇，宋清华，等．中国大陆交通网络通达性演化 [J]. 地理研究，2017，36(12)：2321–2331.
[206] 李平华，陆玉麒．城市可达性研究的理论与方法评述 [J]. 城市问题，2005，(01)：69–74.
[207] 梁宇．中国大陆交通网络通达性演化分析 [D]. 北京：中国地质大学，2017.
[208] 刘承良，余瑞林，熊剑平，等．武汉都市圈路网空间通达性分析 [J]. 地理学报，2009，64(12)：1488–1498.
[209] Hillier, B., Stutz, C. New methods in space syntax[J]. World Architecture, 2005, 11: 54–55.
[210] Penn, A. Space Syntax And Spatial Cognition: Or Why the Axial Line?[J]. Environment and Behavior, 2003, 35(1): 30–65.
[211] Dettlaff, W. Space syntax analysis-methodology of understanding the space[J]. PhD Interdisciplinary Journal, 2014, 1: 283–291.
[212] Cai, B., Yang, W., Cao, D., et al. Estimates of China's national and regional transport sector CO_2 emissions in 2007[J]. Energy Policy, 2012, 41: 474–483.
[213] 宋洁．黄河流域人口－经济－环境系统耦合协调度的评价 [J]. 统计与决策，2021，37(04)：185–188.
[214] Moher, D., Liberati, A., Tetzlaff, J.M., et al. Preferred Reporting Items for Systematic Reviews and Meta-Analyses: The PRISMA Statement[J]. PLoS Medicine, 2009, 6.
[215] 邓聚龙．灰色控制系统（第二版）[M]. 武汉：华中理工大学出版社，1985.
[216] Hecht-Nielsen, R., 1992. III.3 - Theory of the Backpropagation Neural Network**Based on "nonindent" by Robert Hecht-Nielsen, which appeared in Proceedings of the International Joint Conference on Neural Networks 1, 593–611, June 1989. © 1989 IEEE[M], in: Wechsler, H. (Ed.), Neural Networks for Perception. Academic Press, pp. 65–93.
[217] 陈淑燕，王炜．交通量的灰色神经网络预测方法 [J]. 东南大学学报（自然科学版），2004，(04)：541–544.

附 录

长江经济带交通运输用地配置决策意见表

长江经济带主要城市	依赖性	通达性	协调性	综合优先级	主导类型	建议配置面积 / 平方千米
上海市	0.192	12.391	0.630	124	HRWA	16.157
南京市	0.190	26.753	0.587	126	HRWA	34.652
无锡市	0.199	7.532	0.561	92	HWA	20.934
徐州市	0.206	14.584	0.549	97	HRWA	13.856
常州市	0.203	10.780	0.553	87	HA	7.052
苏州市	0.193	9.146	0.611	120	HW	26.962
南通市	0.199	8.655	0.527	78	HWA	15.356
连云港市	0.200	10.499	0.551	100	HWA	7.819
淮安市	0.196	16.463	0.524	115	HA	13.116
盐城市	0.197	7.606	0.534	84	HA	42.670
扬州市	0.200	12.373	0.518	91	HA	15.118
镇江市	0.201	8.985	0.487	41	HW	4.768
泰州市	0.203	7.873	0.532	55	H	18.290
宿迁市	0.199	5.534	0.556	72	H	19.013
杭州市	0.194	20.785	0.547	123	HRWA	18.701
宁波市	0.207	8.942	0.534	43	HRWA	21.838
温州市	0.206	5.007	0.569	46	HWA	23.451
嘉兴市	0.205	9.380	0.555	69	HW	13.417
湖州市	0.203	11.145	0.483	44	HW	10.356
绍兴市	0.205	5.115	0.494	13	H	15.080
金华市	0.206	11.758	0.532	63	HRA	49.166
衢州市	0.198	6.135	0.444	20	H	25.771
舟山市	0.210	1.309	0.389	1	HWA	4.298
台州市	0.199	4.274	0.529	47	HA	25.548
丽水市	0.198	4.997	0.419	9	H	6.349

续表

长江经济带主要城市	依赖性	通达性	协调性	综合优先级	主导类型	建议配置面积 / 平方千米
合肥市	0.195	15.811	0.563	121	HRWA	26.329
芜湖市	0.200	11.318	0.487	59	HW	17.549
蚌埠市	0.194	8.689	0.560	110	HW	14.164
淮南市	0.200	8.175	0.512	56	R	14.000
马鞍山市	0.198	9.554	0.492	61	HW	20.108
淮北市	0.200	4.789	0.571	71	H	9.575
铜陵市	0.205	9.088	0.528	53	H	7.496
安庆市	0.201	6.964	0.455	17	HW	12.662
黄山市	0.199	9.719	0.365	6	HA	5.081
滁州市	0.190	7.049	0.539	107	HW	22.092
阜阳市	0.197	8.369	0.586	111	H	10.452
宿州市	0.198	11.922	0.592	118	H	14.637
六安市	0.195	9.088	0.466	58	H	12.862
亳州市	0.196	5.513	0.560	93	H	10.504
池州市	0.197	5.110	0.436	14	H	11.959
宣城市	0.194	8.149	0.434	35	R	18.906
南昌市	0.199	16.203	0.575	119	HRWA	46.188
景德镇市	0.209	7.117	0.472	8	HA	5.124
萍乡市	0.208	4.079	0.532	16	R	5.302
九江市	0.210	17.827	0.505	67	HAW	39.091
新余市	0.207	6.943	0.558	50	R	5.744
鹰潭市	0.205	10.860	0.490	38	H	7.647
赣州市	0.198	5.711	0.498	40	HRA	37.180
吉安市	0.198	6.836	0.482	39	HA	22.645
宜春市	0.194	4.197	0.528	74	H	30.846
抚州市	0.204	5.279	0.482	12	H	23.318
上饶市	0.201	10.259	0.509	65	HR	35.323
武汉市	0.197	11.999	0.586	117	HRWA	31.809
黄石市	0.207	11.105	0.497	32	HW	10.952
十堰市	0.204	7.537	0.400	4	H	14.813
宜昌市	0.196	9.925	0.402	25	HRWA	16.256

续表

长江经济带主要城市	依赖性	通达性	协调性	综合优先级	主导类型	建议配置面积/平方千米
襄阳市	0.195	13.252	0.504	105	HRA	11.540
鄂州市	0.206	8.729	0.477	19	H	3.907
荆门市	0.197	13.260	0.455	66	H	6.419
孝感市	0.197	6.748	0.454	27	H	14.001
荆州市	0.190	8.728	0.524	108	HW	18.560
黄冈市	0.190	9.190	0.459	82	H	20.954
咸宁市	0.196	6.707	0.473	42	H	21.409
随州市	0.192	9.363	0.427	49	H	9.279
恩施土家族苗族自治州	0.192	8.396	0.398	28	H	16.600
湖北省直辖行政单位	0.205	19.818	0.459	76	H	11.341
长沙市	0.197	15.738	0.596	122	HRWA	66.898
株洲市	0.197	4.815	0.518	54	H	30.094
湘潭市	0.193	6.264	0.534	95	H	13.248
衡阳市	0.194	8.349	0.503	86	H	26.454
邵阳市	0.187	7.000	0.486	99	H	15.872
岳阳市	0.197	9.935	0.525	94	HW	28.170
常德市	0.195	7.801	0.484	62	H	26.380
张家界市	0.203	5.061	0.421	5	HA	3.832
益阳市	0.190	6.920	0.549	109	H	13.280
郴州市	0.191	6.105	0.455	48	H	13.502
永州市	0.192	6.895	0.447	45	H	4.013
怀化市	0.196	9.862	0.454	51	HR	24.105
娄底市	0.198	7.072	0.507	57	H	16.235
湘西土家族苗族自治州	0.197	9.588	0.415	24	H	18.817
重庆市	0.193	30.937	0.578	127	HRWA	118.504
成都市	0.191	25.850	0.570	125	HRA	41.932
自贡市	0.196	6.906	0.417	15	H	9.125
攀枝花市	0.203	7.463	0.429	7	HR	4.671
泸州市	0.197	13.302	0.445	60	HWA	20.215
德阳市	0.191	9.189	0.461	70	R	12.139
绵阳市	0.172	7.245	0.428	114	HA	20.089

续表

长江经济带主要城市	依赖性	通达性	协调性	综合优先级	主导类型	建议配置面积 / 平方千米
广元市	0.191	11.959	0.365	33	H	10.043
遂宁市	0.184	12.055	0.461	112	H	6.540
内江市	0.193	6.347	0.444	34	H	6.183
乐山市	0.188	5.420	0.405	31	HR	11.643
南充市	0.189	14.927	0.424	101	HA	17.558
眉山市	0.186	7.500	0.470	98	H	8.035
宜宾市	0.192	8.159	0.474	68	HRWA	14.411
广安市	0.188	7.873	0.475	88	H	11.552
达州市	0.182	9.366	0.433	102	H	9.675
雅安市	0.189	7.669	0.331	11	H	6.258
巴中市	0.197	8.365	0.424	22	H	11.081
资阳市	0.190	6.983	0.415	36	H	9.528
阿坝藏族羌族自治州	0.190	2.116	0.339	3	HA	9.878
甘孜藏族自治州	0.185	0.990	0.368	10	H	14.583
凉山彝族自治州	0.198	9.532	0.420	23	H	10.225
贵阳市	0.205	20.113	0.512	106	HRA	28.292
六盘水市	0.188	8.931	0.465	90	H	34.486
遵义市	0.191	9.385	0.461	75	HRA	82.573
安顺市	0.199	9.553	0.458	37	H	28.192
毕节市	0.200	7.505	0.469	30	HA	41.110
铜仁市	0.181	6.146	0.440	89	H	33.637
黔西南布依族苗族自治州	0.195	6.079	0.430	21	H	30.050
黔东南苗族侗族自治州	0.191	5.592	0.424	29	H	23.902
黔南布依族苗族自治州	0.197	7.526	0.443	26	H	46.773
昆明市	0.195	13.722	0.544	116	HRA	28.970
曲靖市	0.190	6.579	0.527	103	HR	24.018
玉溪市	0.189	5.601	0.481	73	H	6.152
保山市	0.185	3.838	0.470	77	HA	9.340
昭通市	0.185	6.809	0.445	81	HW	5.341
丽江市	0.181	3.515	0.447	80	HA	11.744
普洱市	0.182	3.316	0.461	83	H	16.952

续表

长江经济带主要城市	依赖性	通达性	协调性	综合优先级	主导类型	建议配置面积 / 平方千米
临沧市	0.182	2.445	0.490	96	H	15.096
楚雄彝族自治州	0.187	7.404	0.463	85	H	16.867
红河哈尼族彝族自治州	0.174	2.947	0.488	113	H	18.626
文山壮族苗族自治州	0.190	0.610	0.505	52	H	14.748
西双版纳傣族自治州	0.169	1.955	0.417	104	HA	5.063
大理白族自治州	0.189	8.609	0.456	79	HRA	22.869
德宏傣族景颇族自治州	0.191	3.123	0.505	64	HA	7.228
怒江傈僳族自治州	0.184	1.410	0.384	18	H	3.150
迪庆藏族自治州	0.205	1.156	0.411	2	H	7.726

注：H，R，W 和 A 分别代表公路运输、铁路运输、水路运输和航空运输。